学而书
XUEER SHU

学而书一

Rosenshine's Principles in Practice

Tom Sherrington　author
Oliver Caviglioli　illustrator

高效能教学

罗森海因教学原理的实践

［英］汤姆·谢灵顿　著
［英］奥利弗·卡维格利奥利　绘
甄桂春　译
盛群力　审校

宁波出版社

图书在版编目（CIP）数据

高效能教学：罗森海因教学原理的实践 /（英）汤姆·谢灵顿（Tom Sherrington）著；甄桂春译；（英）奥利弗·卡维格利奥利（Oliver Caviglioli）绘 . -- 宁波：宁波出版社，2024.9
（新班级教学译丛）
ISBN 978-7-5526-5166-9

Ⅰ.①高… Ⅱ.①汤… ②甄… ③奥… Ⅲ.①教学理论 Ⅳ.① G42

中国国家版本馆 CIP 数据核字（2023）第 204199 号

Translated and published by Ningbo Publishing House Co., Ltd. with permission from Learning Sciences International. This translated work is based on
Rosenshine's Principles in Practice
by Tom Sherrington, Oliver Caviglioli. © 2019 by LSI.
All Rights Reserved.
Learning Sciences International is not affiliated with Ningbo Publishing House Co., Ltd., or responsible for the quality of this translated work. Translation arrangement management by RussoRights LLC and Andrew Nurnberg Associates International Ltd on behalf of Learning Sciences International.

本书简体中文版由 Learning Sciences International，Florida USA 授权宁波出版社独家翻译出版。未经宁波出版社书面许可，不得以任何方式复制或抄袭本书内容。
版权所有，侵权必究
版权合同登记号：图字：11-2024-122 号

高效能教学：罗森海因教学原理的实践
GAOXIAONENG JIAOXUE LUOSENHAIYIN JIAOXUE YUANLI DE SHIJIAN
（英）汤姆·谢灵顿 著，甄桂春 译，（英）奥利弗·卡维格利奥利 绘

出版发行	宁波出版社
	（宁波市甬江大道 1 号宁波书城 8 号楼 6 楼　315040）
策划编辑	陈　静
责任编辑	陈　静
助理编辑	郑珂欣
责任校对	谢路漫
装帧设计	金字斋
印　　刷	宁波白云印刷有限公司
开　　本	787mm×1092mm　1/16
印　　张	7
字　　数	70 千
版次印次	2024 年 9 月第 1 版　2024 年 9 月第 1 次印刷
标准书号	ISBN 978-7-5526-5166-9
定　　价	45.00 元

如有缺页、印装等问题，请与出版社或印厂联系调换
电话：0574-87248279（出版社），0574-87328764（印刷厂）

汤姆·谢灵顿
（Tom Sherrington）

汤姆·谢灵顿是当代国际著名教学研究专家。他于1987年开始任教，在教育领域拥有30余年的工作经验。目前，他作为一名教育咨询顾问和会议演讲者，致力于宣传教学研究的理论，推动学校教学改革，提高学习、教学和评估的实践水平。谢灵顿的代表作有《学习雨林：真实课堂中的卓越教学》（*The Learning Rainforest: Great Teaching in Real Classrooms*），主编《教学攻略图解》系列（*Teaching WalkThrus*）和《教学理论之应用》系列（*Principles in Action*）。（https://teacherhead.com/）

奥利弗·卡维格利奥利
（Oliver Caviglioli）

奥利弗·卡维格利奥利曾是一所特殊学校的校长，在可视化教学策略和信息设计领域独树一帜。他创建了"HOW2s"教学技能可视化分步指南，著有《双重编码教师》（*Dual Coding With Teachers*），合作主编《教学攻略图解》系列（*Teaching WalkThrus*）。（https://www.olicav.com/）

盛群力

浙江大学教育学院课程与学习科学系教授,博士生导师,主要学术旨趣和专长为教学理论与设计。主持/主讲国家精品课程和国家精品资源共享课"教学理论与设计",代表性著作有《个性优化教育的探索》(人民教育出版社,1996)、《现代教学设计论》(浙江教育出版社,1998,2010;台湾五南图书出版公司,2003)和《教学设计》(高等教育出版社,2005),主持翻译了《首要教学原理》(福建教育出版社,2016)和《综合学习设计》(福建教育出版社,2012,2015),发表了撰/译文200余篇,出版了教学设计著作和译著40余部,曾获全国优秀教师"宝钢奖"(2001)。

甄桂春

浙江万里学院外语学院讲师,2000年7月毕业于电子科技大学,2005年7月获上海外国语大学硕士学位,一直从事大学英语教学。研究兴趣包括基于网络的英语教学设计、语料库语言学和文化翻译。目前已发表教学类和文化类论文多篇,主持校级和市厅级课题多项,建设省级一流课程"大学英语3",参与翻译《创造性思维课堂》,参编教材《文秘英语实用教程》《大学英语听说新体验》等。

致　谢

　　这本书的问世要归功于几位人士。首先，当然是巴拉克·罗森海因（Barak Rosenshine）本人！我希望我很好地继续了他的工作。然后是奥利弗·卡维格利奥利（Oliver Caviglioli），是他那非常棒的插图吸引了我对罗森海因的教学原理的注意。很高兴他能抽出时间为这本书和许多其他项目制作插图。我写这本书的灵感源于"国际学习科学组织"（Learning Sciences International）的马克·康姆斯（Mark Combes）。2018年，埃里克·卡伦泽（Eric Kalenze）在费城组织了一场 researchEd[1] 的讨论活动，我在那次活动上发表了关于罗森海因的教学原理的演讲，马克觉得为美国教师再做一个简短的"解释"可能会有所帮助。因此，如果没有马克、埃里克或汤姆·班尼特（Tom Bennett），就不会有这本书的面世，感谢他们多次支持我参加

1　researchEd 是一个总部设在英国的教育组织，会举办教师会议。会议的重点是教育研究及其对教师和学校领导的影响。https://researched.org.uk。

researchEd 的活动。

在乔纳森·伍尔加（Jonathan Woolgar）杰出的编辑和监管下，这本书的英国版得到了约翰·卡特（John Catt）教育出版社亚历克斯·夏拉特（Alex Sharratt）的强烈好评。而美国版一直由达纳·雷克（Dana Lake）推动。我非常感谢他们在整个过程中对我的支持。

我还想感谢那些直接或间接帮助过我理解书中概念的人：阿瑟·西蒙拉（Arthur Shimamura）、埃弗拉特·弗斯特（Efrat Furst）、丹尼尔·威林厄姆（Daniel Willingham）、大卫·迪道（David Didau）、尼克·罗斯（Nick Rose）和保罗·基尔希纳（Paul Kirschner），他们都帮助我加深了对学习过程的理解。最后，奥尔德姆学院（Oldham College）和布鲁恩帕克学校（Brune Park School）的工作人员以及我的妻子和副校长黛博拉·奥康纳（Deborah O'Connor），感谢你们帮助我形成了将理论付诸实践的想法。

目 录

导论:为什么巴拉克·罗森海因的高效能教学原理如此出色 1

    四个模块 2
    行动理论:基础模型是什么 8
    特定知识型课程 13

模块1 调扶放 15

    2. 小步子,讲练合 16
    4. 做示范,给样例 18
    8. 供支架,破难点 25

模块2 善提问 31

    3. 善提问,明联系 32

6. 勤检查,补缺漏 ………………………… 38

模块 3 勤复习 43

1. 先复习,后上课 ………………………… 44
10. 周回顾,月复习 ………………………… 46

模块 4 精练习 53

5. 尝试练,获体验 ………………………… 54
7. 赢成功,有成就 ………………………… 58
9. 独立练,求掌握 ………………………… 60

结束语 …………………………………… 64

参考文献与拓展阅读 …………………… 67

附录 高效能教学原理 —— 所有教师应了解的循证策略
………………………………………………… 70

译后记 …………………………………… 98

导 论
为什么巴拉克·罗森海因的高效能教学原理如此出色

Why Are Barak Rosenshine's
Principles of Instruction So Good?

英国教育家、平面插画家奥利弗·卡维格利奥利在推特上分享了他出色的宣传照片,因此我第一次接触到了巴拉克·罗森海因的《高效能教学原理》(*Principles of Instruction*)。这促使我去寻找2012年《美国教育家》(*American Educator*)中的一篇文章,那篇文章阐述了罗森海因的想法。那篇文章几乎直接取材自2010年国际教育研究院(International Academy of Education,以下简称IAE)"教育实践丛书"中的小册子。在这本小册子中,罗森海因根据他和同事在过去几十年中提出的想法,阐述了十项基于研究的教学原理。

初次读到罗森海因的教学原理时,它的清晰性、简洁性以及支持教师力求参与认知科学和更广阔的教育研究世界的可能性,即刻打动了我。随着越来越多的教师发现了这本书的真知灼见,并通过社交媒体和越来越多的基层教师会议进行分享,罗森海因的教学原理在英国的学校中迅速传播。

我写这本小册子的目的是把我与学校领导和老师的许多讨论记录下来，并把这些想法从纸上搬到课堂上付诸实践。尽管这些原理如罗森海因所说的那样非常有用，但我希望这本小册子能为人们提供更多一层的有趣且有用的指导，为教师培训项目或个人实践的发展提供实用信息。

四个模块

构成《高效能教学原理》的思想体系随着时间的推移而不断演变。在《教学功能》(*Teaching Functions*)(Rosenshine & Stevens, 1986)中，罗森海因提出了六项教学原理。而在IAE的小册子中，罗森海因概述了研究中的十七个教学步骤(见表1.1)。

然后，他根据这些步骤制定了十项原理。在researchEd的各种教育研究会议上，我试图向英国的听众解释这些原理。我发现，把十项原理浓缩成四个模块更有助于理解。部分原因是会议的演讲时间有限，十项原理就像一长串清单，太多了，但主要原因还是在多次重温《高效能教学原理》后，我不断地在这十项原理中跳转，找到了它们的关联。

表1.1 罗森海因的十七个教学步骤

• 在一堂课的开始,简要回顾先前的学习内容。 • 以小步骤呈现新材料,在完成每个步骤之后让学生进行练习。 • 控制学生一次收到学习材料的数量。 • 提供明确、具体的指导和解释。 • 提出大量问题,并检查学生的理解情况。 • 为所有学生提供高水平的主动练习。 • 在学生开始练习时予以指导。	• 提供样例问题作为示范。 • 让学生解释所学到的内容。 • 检查所有学生的回应。 • 提供系统性的反馈和纠正。 • 在材料解释上花费更多时间。 • 提供许多示例。 • 必要的时候重教材料。 • 使学生在独立练习前做好充分准备。 • 在学生开始独立练习时进行监督。 • 出声思考,示范步骤。

表 1.2　四个模块

教学原理	四个模块
1. 先复习,后上课 2. 小步子,讲练合 3. 善提问,明联系 4. 做示范,给样例 5. 尝试练,获体验	**调扶放** 2. 小步子,讲练合 4. 做示范,给样例 8. 供支架,破难点
	善提问 3. 善提问,明联系 6. 勤检查,补缺漏
6. 勤检查,补缺漏 7. 赢成功,有成就 8. 供支架,破难点 9. 独立练,求掌握 10. 周回顾,月复习	**勤复习** 1. 先复习,后上课 10. 周回顾,月复习
	精练习 5. 尝试练,获体验 7. 赢成功,有成就 9. 独立练,求掌握

我将使用这四个模块作为本指南的主体结构。但首先,我想探讨一下为什么《高效能教学原理》这个小册子能引起如此热烈的反响,以及为什么我如此兴奋地要将它改编成课堂使用指南。

导论：为什么巴拉克·罗森海因的高效能教学原理如此出色

弥合研究与实践的鸿沟

　　罗森海因在教学研究和课堂实践间架起了一座高度连通的桥梁。他的教学原理短小精悍、易于读懂，并很有见地，令人耳目一新。从普通教师的角度来看，研究信息仍然是很难获取的。许多原创性的研究在晦涩的期刊中受到冷落，甚至大多数教师都不知道这些期刊的存在。虽然像丹尼尔·威林厄姆、约翰·哈蒂（John Hattie）、迪伦·威廉姆（Dylan Wiliam），以及近代的埃弗拉特·弗斯特、亚娜·温斯坦（Yana Weinstein）、梅根·苏美尔基（Megan Sumeracki）和"学习科学家"[1]（The Learning Scientists）中的其他成员这样优秀的交流者在出版书籍和写博客，但要确保学校中的众多教师广泛参与研究仍然是一个挑战。部分原因是教师的时间有限——他们很忙！但这也是学校文化的问题。学校有很大的惯性，教师的一些习惯也很难改变。而这些教学原理简洁有力，很容易突破这些限制。

　　在最初的出版物中，每一个扼要介绍十项原理之一的小章节都遵循一个清晰而有说服力的结构：研究发现之后，课堂实践立即跟上。罗森海因将研究发现与课堂实践联系起来，传达了研究的关键成果，而没有陷入方法论和效果量不确定等考虑之中，这样的做法非常好。如果你想了解得更加深入一些，罗森海因2010年的论文包

---

[1] 学习科学家是由一群对教育研究感兴趣的认知心理学家组成的团队。www.learningscientists.org。

含了所有的引用文献,就在这篇指南的结尾处。罗森海因运用简单的二进制描述符号清晰有力地传达了他的信息:更高效的老师与不太高效的老师。我们都明白,其中隐含着一个滑动标尺,更多的细微差别隐藏在其下面,但是"更高效"的老师可以更好地抓住重点。谁不想去那个"更高效"的营地呢?!

可信度

除了强调证据样例,这些原理的整体基调和内容都能让教师相信这些想法不是一时的狂热,它们所依赖的证据都经受住了时间的考验。罗森海因介绍了他的小册子,其中简要概述了为他的原理提供依据的三个证据来源:

(1)对大脑如何获取和使用新信息的研究:认知科学。

(2)对学生测试成绩最高的教师的普通课堂实践的研究:对优秀教师的观察研究。

(3)向学生传授学习策略的研究结果:检验有助于学生完成复杂任务的认知支持和支架。

他接着承认,尽管方法非常不同,但"源自这三个来源的教学建议之间没有任何冲突。换句话说,这三个来源是相辅相成的"。这一事实"让我们对这些研究结果的正确性充满信心"。[2]

2　Rosenshine, B. (2012). Principles of instruction: Research-based strategies that all teachers should know. *American Educator, 36*, 12.

课堂观察和认知科学观点的融合非常重要。如果认知科学提出了一套不同于高效的优秀教师所用的教学方法，那么我们就有麻烦了。我们该怎么解释呢？令人高兴的是，尽管学习和教学的确很复杂，但事实证明，它们也并没有那么复杂：我们可以制定一个连贯的循证模型，将理论与实践联系起来。罗森海因的原理提供了教师寻求的一致性，从而增强了可信度。这一点很重要，因为如果没有可信度，教师不会相信他们看到的信息：他们会忽略信息，并且这种惯性会增强。

真实性

我发现人们对罗森海因的《高效能教学原理》越来越感兴趣的第三个原因是，从整体上看，这些教学原理对许多老师来说，听起来就像是常识。这是一套完全可以识别的原理，没有噱头，不是一时的流行，没有什么让人难以相信的，也没有什么稀奇古怪的。教师要么在原理描述中看到了自己，要么看到了他们所渴望的有效且可获取的范例。教师们从事了多年由外部力量定义的教学，而这些教学原理就像是一份基础文献，穿透了教师们精心练就的防御系统并获得了教师们的认可。

在我看来，作为一个花了大部分时间和老师合作以期提高教师教学实践能力的人，有一套真正根植于课堂经验并且几乎没有争议的原理是很棒的。我们讨论的不是教师是否采纳这些原理，而是如何更流利、更有力度或更频繁地采用这些原理，以及如何从不同学科领域的视角来阐释它们，如何让它们适用于具有不同知识水平和信心的学习者。

基于这些原因，罗森海因的《高效能教学原理》为教师的发展进程提供了一个非常有用的平台。我们都已经熟悉了这样一个概念：对学生成绩产生影响的课都是那些未被注意过的课，在那些课中，教师和学生在课堂上进行师生互动，这种互动可能会带来学习上的收获，也可能不会。如果教师想成功地改进教学实践，他们必须有意识地、刻意地去这样做。教师需要努力培养更好的习惯，在除了学生没有其他人看到的情况下，日复一日地追求更有效的课堂。教师发展的"死亡之吻"是一种学校文化或问责框架，它会激发"超速监控摄像机"行为，即教师在接受检查时会热情高涨或者主动"加码"，但在其余时间里却轻车熟路地恢复如故。如果我们要避免这种情况，那么我们必须培养一种专业的文化，在这种文化中，好的想法会获得认可、信任和推力。我发现这十项教学原理就是一个来做到这一点的极佳工具。

行动理论：基础模型是什么

我发现在各种背景下与老师合作的一个重要变量是他们对于学习如何发生的看法。老师做出的行为和参与的活动，或要求学生做出的行动和参与的活动是如何影响学习的呢？有时候，老师们会提到"理解"的概念，我也经常听到很多老师抱怨，尽管一遍又一遍地解释一个概念，学生还是会有误解。甚至更糟糕的是，尽管课上的学习看起来很成功，但一下课学生就忘记了课上的所有内容。很多老师仍然相信以学生喜欢的学习方式进行教学是个好主意，但这个想法其实已经被完全驳斥了。[3]

所有这些问题都源于我们对学习过程模型知之甚少。如果教师要改进教学实践，那么他们的想法必须建立在一个合理的模型上。虽然深刻理解理论模型并非成功实施策略的先决条件，但是我个人的观点是，如果教师能够形成一个可支撑教学实践的心智模型，他们就更有可能把想法联系起来并很好地予以实施。这一观点也得到了领导影响机构（Deans for Impact）发表的一部作品的佐证，这部出色的作品就是《有目的的实践：新兴的教师专业技能科学》（*Practice with Purpose: The Emerging Science of Teacher Expertise*）：

> 深思熟虑的教学实践既产生于又依赖于心智模型和心理表征来指导决策。这些模型允许实践者自我监控教学表现以提高教学成绩。[4]

---

[3] Weinstein, Y., Sumeracki, M., & Caviglioli, O.(2018). *Understanding how we learn: A visual guide*. Abingdon, United Kingdom: Routledge.

[4] Deans for Impact. (2016). Practice with purpose: The emerging science of teacher expertise. Austin, TX: Deans for Impact. Retrieved from https://www.deansforimpact.org/files/assets/practice-with-purpose.pdf.

令我着迷的是，当代认知科学中出现的学习模型为《高效能教学原理》提供了强有力的支持。就本书的目的而言，它将会有助于预先演练这个模型的关键元素。这一模型基于以下几个来源：

◇丹尼尔·威林厄姆的《为什么学生不喜欢学校》（*Why Don't Students Like School*）（2009）。

◇格雷厄姆·纳特霍尔（Graham Nuthall）的《学习者的隐秘生活》（*The Hidden Lives of Learners*）（2007）。

◇阿瑟·西蒙拉的《MARGE：面向学生和教师的全脑学习方法》（*MARGE: A Whole-Brain Learning Approach for Students and Teachers*）（2018）。

◇温斯坦、苏美尔基和卡维格利奥利的《了解我们如何学习》（*Understanding How We Learn*）（2018）。

还有其他一些为我们当前的理解做出集体贡献的人，特别是罗伯特（Robert）和伊丽莎白·比约克（Elizabeth Bjork）、约翰·斯威勒（John Sweller）、保罗·基尔希纳（Paul Kirschener）和卡罗尔·德威克（Carol Dweck）。

记忆运作这一简单模型以在长时记忆中建立图式的概念为基础，如图1.1所示：

导论：为什么巴拉克·罗森海因的高效能教学原理如此出色

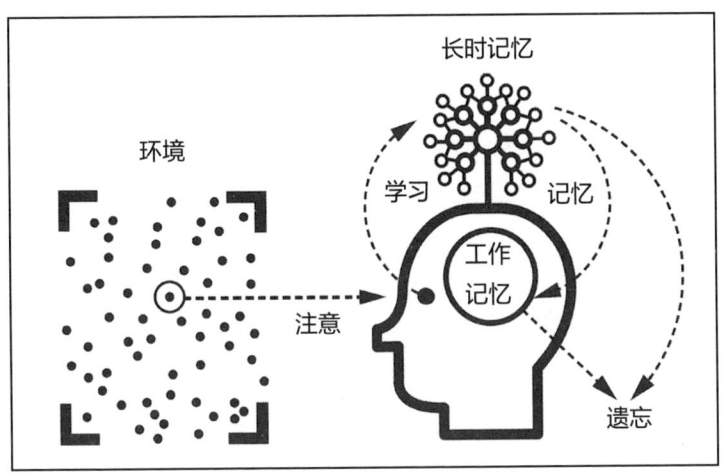

图 1.1

概念信息最初从环境进入我们的工作记忆。

工作记忆是有限的，实际上容量是相当小的，所以我们一次只能吸收有限的信息。

我们对信息进行加工，以便将其存储在长时记忆中。长时记忆是无限的，我们可以根据需要将信息再提取至工作记忆中。

我们把信息组织成图式。通常，只有当我们能够把新信息与我们已经拥有的知识联系起来时，新信息才会被存储起来。因此，先验知识是影响我们学习新信息能力的主要因素。图式越复杂，相互关联度越高，我们就越容易理解新的相关信息，也就能够更好地组织这些新信息，使其有意义。"理解"的概念实际上是"伪装的记忆"（memory in disguise）[5]，意思就是图式更完整，相互关联度更高，我

---

5 Willingham, D. (2009). *Why don't students like school*. San Francisco, CA：Jossey-Bass.

们就可以更流畅地对其进行检索和回忆。

如果一个图式包含不正确的信息——对流程如何运作有误解或其模型不完整，我们不会简单地予以覆盖；相反，一个更原始的图式可能会重新占据主导地位，除非我们放弃之前的图式并完全重新学习一个正确的图式。

我们会忘记那些最初没有成功存储在有意义的图式中的信息，也会忘记那些提取不够频繁的信息。这是完全自然的，我们已经准备好过滤出我们可能需要的信息，并丢弃其余的信息。如果我们频繁且更深入地练习这种做法，那么我们提取信息的能力就会提高。

如果我们对信息提取进行足够的练习，生成记忆的公式并评估其准确性，信息提取的流畅性就会在一定程度上提高，并最终达到自动化。我们学习任何东西都是如此，无论是阅读、驾驶，还是说外语。结果正如认知负荷理论[6]所解释的那样，我们对存储信息的提取越流畅，我们在工作记忆中处理新信息和解决问题的能力就越强。如果我们能有效地从记忆中提取信息，那么我们就有更多的工作记忆空间来处理信息的应用。反之亦然。当我们的回忆不太流畅时，我们处理新信息和解决问题的能力就会减弱。这是新手和专家学习者之间的一个关键区别。想想新手司机，只是交通状况和路标就会让他们手足无措了：在吸收所有外部信息的同时专注于驾驶技巧对他们

6　Sweller, J., Ayres, P., & Kalyuga, S.(2011). *Cognitive load theory*. New York, NY：Springer.

来说可能是困难的。

这其中的一个关键点是，相比更自信、更有经验的学习者，新手学习者需要更多的练习。

继纳特霍尔和西蒙拉的作品之后，我发现把一个全是学生的教室想象成一个装满了隐秘的、正在形成图式的大脑的房间很有启发性。每个学生都在根据他们的先验知识、对新知识的关注程度，以及自我调节和成功组织信息的能力，做着我们看不到的事情，以不同的方式处理着信息。在这种情况下，指导性教学需要高度的互动。我们需要从学生那里获得尽可能多的反馈，以了解其学习进展，这样我们就可以计划下一步教学。学习过程是隐秘的，所以我们需要在课上以动态的方式寻找学生学习的证据。

这种互动性正是"响应式教学"（responsive teaching）[7]的需求，它奠定了《高效能教学原理》中许多观点的基础。

特定知识型课程

在我们探索教学原理本身之前，教师应该牢记的最后一个预备问题是知识型课程或"结构化"课程的概念。罗森海因和史蒂文斯（Stevens）在1986年的论文《教学功能》中谈到了教学原理的局限性：

7　Wiliam, D. (2011). *Embedded formative assessment*. Bloomington, IN : Solution Tree Press.

断言该研究中出现的教学步骤一直适用于所有学科和所有学习者,是错误的。相反,这些教学步骤最适用于任何内容领域中"结构合理"的部分(Simon, 1973),最不适用于任何内容领域中"结构不良"的部分。

他们继续解释,所有的科目都有"结构合理"的元素,有些科目比其他科目要多一些。这是罗森海因的教学原理实施过程中一个重要的细微差别。显然,有些内容比其他内容更需要教师指导,因此特定学科的课程背景很重要。

这也表明,我们对学习者的知识目标设定得越精确,我们就越能严格地确保所有学生都达到这些目标。在我的经验中这是真的,因为我已经观察了数千堂课。很多时候,当与老师进行反馈对话时,我觉得班上的每个人都可以从更精确的知识目标中受益,不管是老师还是学生。如果你不确定知识的含义,不确定"成功"到底是什么样子的,你就很难形成一个强有力的图式来练习提取信息或者评估你知识的真实范围。

我将在我们讨论每一个原理时对比进行进一步说明。

在接下来的章节中,我将依次讨论四个模块,会提及我认为归属于这四个模块的十七个教学步骤。我的目标是详述和补充罗森海因所表达的观点,给出更多的示例,而不是重复他已经使用过的那些例子。

模块 1
调扶放

Sequencing, Concepts, and Modeling

我首先从这一模块开始。因为在我们进入教室之前,从需要提前计划的教学要素开始似乎是明智的。

相关的教学步骤包括:

- 以小步骤呈现新材料,在完成每个步骤之后让学生进行练习。
- 控制学生一次收到学习材料的数量。
- 提供明确具体的指导和解释。
- 出声思考,示范步骤。
- 在材料解释上花费更多时间。
- 提供许多示例。
- 必要的时候重教材料。

2. 小步子，讲练合

罗森海因建议，更高效的教师应该认识到应对工作记忆的局限性是很有必要的，并能成功地把"概念"和"程序"分解成小步子，然后确保学生有机会练习每一步。在解释过程中，范例和支架应合为一体，作为一部分融入这一阶段的课程，为学生构建新概念的图式提供结构合理的支持。

显然，这就意味着教师需要花时间分析学习材料，考虑如何将其分解。在实践中，我们不能把常用的教学方法与课程内容分开。

将学习材料分解成小步子有许多范例。在体育教学中，这是一个普遍的做法。为了完成复杂的动作和团队游戏，要先掌握特定的、可定义的技能。在学习舞蹈时，我们不会从头到尾学习一整套动作。我们首先学习第一步，然后是第二步，每一步都要认真练习。接着，我们学习第三和第四步，也许在学习第五步之前还要练习好第一到第四步。我们总是慢慢推进，力求在每一步上都确保成功，最终将每一部分都融入整体。

许多数学的解题步骤也是相似的，分数的加法实际上包括几个步骤（参见图2.1）。

一个努力学习分数加法的学生可能需要更多的练习来建立分数的具体模型，或者可能需要练习才能学会寻找最小公倍数。

还有许多这样的例子，每一个都是具体到一个学科的。我认为，教师应该明智地把更多时间花在课程分析上，这样教师就能清楚地了解学习步骤是怎样的。有时这确实很难，因为专家都有"知识的诅咒"（curse of knowledge）：我们并不总是知道我们知道什么。我们从专业领域的经验中积累了大量的隐性知识，但是对初学者来说，他们确实需要做一些思考，对这些知识进行一下规划。

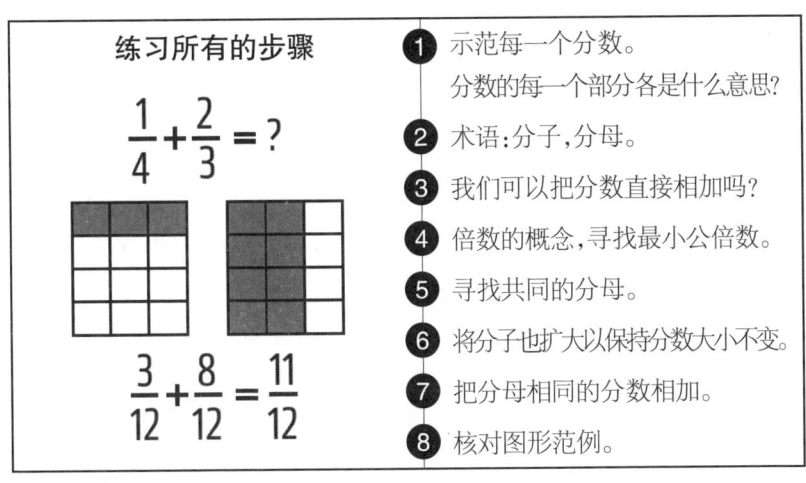

图 2.1

思考新学习材料的一个常见思路是将一项任务分解成一组指令。你如何建造一面墙？在建造过程中，你如何检查这面墙在每一个平面上都是百分之百既笔直又垂直的？你是如何烘烤蛋糕的，包括配料的选择和测量及了解混合物的稠度"怎么样才算是恰如其分"的？在目标明确的前提下，你如何构思一个段落，包括选择单词和短语来表达意思，奠定情感基调，展现预期风格？你如何解释气体扩散？如何把物理现实和一个模型联系起来帮助自己一步步解释自己所看到的（或闻到的）东西？你如何解构艺术中的构图过程？如果相关学科的老师能把这些复杂的活动分解成精细的阶段，他们能更有效地向学生解释这些复杂活动。

另一种思路梳理是从一个主题的大画面聚焦到一个具体的中心领域，然后再返回。我们先缩小，定位自己，然后逐步放大。这有助于学生形成一个清晰的图式，确定一个与其他领域相关联的学习领域。例如，历史上的每一个事件在更大的时间跨度上有着更广泛的背景，并与一系列更广泛的历史或社会主题相联系。罗莎·帕克斯（Rosa Parks）是谁？她所做的事情为什么那么重要？这些只有在我们了解了平等权利运动的大背景后才有意义。在生物学中，我们的学习内容是从有机体到器官，进一步到组织，到细胞再到细胞结构，最后到生化过程。除非我们对植物的结构和功能图式中的细胞背景有很清晰的理解，否则我们无法理解气孔保卫细胞的渗透作用。在诗歌中，为了对某些特定的句子的意思进行有意义的讨论，例如特德·休斯（Ted Hughes）的"突然，他醒了，发觉自己正在奔跑——阵阵刺痛"，这是《刺刀冲锋》（*Bayonet Charge*）的开场白，因此了解第一次世界大战的背景、一系列文学语言技巧和结构及一些关于特德·休斯的背景是很重要的。

4. 做示范，给样例

提供样例是实现出色解释的核心要素，这里的样例有几层意思。样例可以是：

◇已完成任务的实体呈现——可用作支架的示例,比如历史论文的开头段落样例。

◇概念样例,比如我们用来理解固体、液体和气体中的粒子行为的概念样例。

◇在思考如何解决问题或进行创造性活动时,对我们的思维过程进行清晰叙述的样例。

通过拓展提供样例的方式,教师可以用许多方法来发展实践。

把抽象的想法和具体的例子联系起来

这包括在学习数字和分数时使用实体教具——方块和图形。一个重要的例子是等价分数——可以使用图表或实物为"$\frac{1}{2}+\frac{1}{2}=\frac{1}{4}+\frac{1}{4}+\frac{3}{8}+\frac{1}{8}$"构建一个模型。另一个例子是将乘法表和除法链接到一个模型上(图 2.2):

6×4=24　4 行 6 列;6 列 4 行　24÷6=4

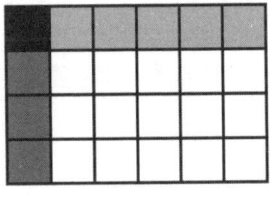

图 2.2

如果孩子脑中对乘法图式有这样坚实的理解基础,他们也就对将来的学习做好了充分的准备。

在英语中,了解一些特定的语法结构或写作特点的具体例子是很有帮助的。"突然"(all of a sudden)是一个前置状语;"她像天鹅一样滑翔"(she glided like a swan)是一个明喻;"风在房子周围呼啸回旋"(the wind swooshed and swirled around the houses)是一个包括拟声词和头韵的例子。在语言的许多方面,在抽象和具体之间来回切换是很重要的。

在科学中,使用分子图和符号方程式(图 2.3)来解释实际的化学反应是必不可少的,例如燃烧碳氢化合物:

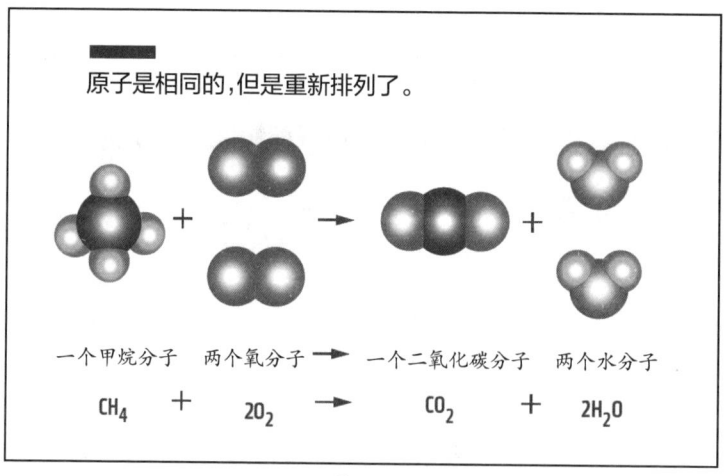

图 2.3

将抽象知识与经验性的"隐性"知识联系起来

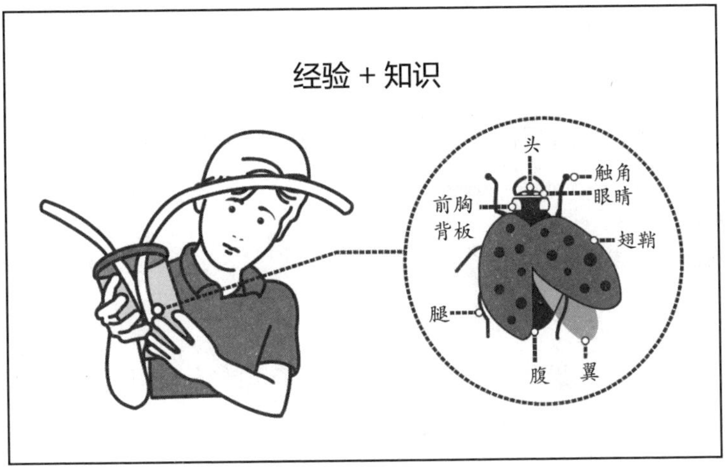

图 2.4

这直接建立在上一节的基础上。具体的例子通常是"隐性的"知识。作为一名科学教师,理论和实践作业之间的相互作用得到了精心演练。我将罗森海因的想法延伸到了这一重要领域,尽管它在其他学科领域中也有影响。

在十大原理的序言中,罗森海因在一个简洁的总结之后,做了一个重要的陈述:

> 最高效的教师通过提供大量的教学支持,确保他们的学生有效地获得、练习和链接背景知识。他们通过教授适量的新材料、示范、指导学生练习、在学生出错时及时给予帮助以及提供足够的练习和复习机会来提供支持。很多教师也开展了体验式教学实践活动,但

他们总是在教授了基本材料之后再进行体验活动,而不是之前。[1]

我认为这需要在不同的学科背景下仔细解读。罗森海因坚定地说,除非已经学习了"基本材料",否则一些体验活动无法确保学习效果。如果学生对他们正在做的事情所知不多,很多活动会引起学生的疑惑和误解。然而,"隐性"知识也可以是必须要被学习的背景知识或基本材料。依我的经验来看,一旦我们从实地研究、演示或实验等实践经验中习得了一些隐性知识,科学学科中教授的很多现象就很好理解了。如果我们能近距离观察罐子里的昆虫,悉心研究,那么给身体部位贴标签并描述其形状和功能这种技术性工作就不再是空中楼阁。如果我们能知道控制电动机转速是什么感觉,就能更好地探讨理论知识。安排顺序恰当的课程将在最适当的地方提供实践活动的机会,使学习效果最大化。

叙述思考过程

教师在参与一项任务时可以向学生展示自己的思考过程,以此来发展学生的元认知和自我调节能力[2],这是教师的一个重要作用。

高效的老师能够讲清楚他们做出的决定和选择:从哪里开始解

1　Rosenshine, B. (2012). Principles of instruction: Research-based strategies that all teachers should know. *American Educator, 36*, 12.
2　Education Endowment Foundation, https://educationendowmentfoundation.org.uk/education-evidence/guidance-reports/metacognition.

一道数学题；从哪里开始写一篇文章；如何计划 20 分钟写作任务的时间；如何以适合特定目的和受众的风格来写作，并选择好特定的单词和短语。

通过使内隐显性化，教师能帮助学生形成他们自己的心智模型，使学生从自己的决定中获得信心。

组织信息

示范可以帮助学生将信息组织成稳定、结构合理的图式。正如西蒙拉在其 MARGE[3] 理论的"R"部分所建议的，我们需要将新的知识与我们已知的知识联系起来。他的提议是三个"C"——比较（compare）、对比（contrast）、分类（categorize），有助于做到联系。教师可以示范一种方法，将复杂的信息集合排序、连接和排列成某种样式，便于以后学习和回忆。

这样的例子是有的，莎士比亚的《麦克白》（*Macbeth*）中的某些选段可用来说明麦克白的软弱无能或强烈的负罪感，而其他选段则表明他工于心计且野心勃勃。示范如何使用选段为学生自己参与这个过程提供了一个框架。

进一步的例子是，在任何语境下，我们都可以把利弊或正反论据

---

[3] Shimamura, A. (2018). *MARGE: A whole-brain learning approach for students and teachers*. Retrieved from https://shimamurapubs.files.wordpress.com/2018/09/marge_shimamura.pdf.

进行分类。更明显的例子是与物理实体有关的分类：金属和非金属或构造板块相互作用的类型。老师对相关模型的形成解释得越多，学生越有可能掌握精髓，形成自己的合理的图式。

样例学习

正如罗森海因简单描述的那样，约翰·斯威勒和其他学者已经证实了样例学习的效用，样例学习正是认知负荷理论研究的成果。高效的教师往往会给学生提供许多有用的样例，这样"一般范式"就很清楚了，这为学习打下了坚实的基础。样例学习的诀窍是逐渐降低"补全"水平，让学生慢慢学会解决"补全题"，最终自己独立完成解题。

样例学习		
65 美元的 18%	120 美元的 37%	1050 美元的 68%
$\frac{18}{100} \times 65$	$\frac{37}{100} \times 120$	$\frac{68}{100} \times 1050$
$=0.18 \times 65$	$=0.37 \times 120$	$= ? \times ?$
$=11.70$ 美元	$=44.40$ 美元	$= ?$

图 2.5

罗森海因认为，低效的教师往往不能提供足够的样例，从而增加了学生的认知负荷，也让学生不确定手头的程序该怎么完成以及如何加以应用。

在任何涉及计算的地方，样例都很强大，不过样例也可用于任何类型的结构型写作或技术程序，例如英语或其他外语语法练习，或配平化学方程式。一般情况下，当我看到一位老师与一群似乎陷入困境的学生正在费力前行时，我都会说："再举一个例子。"这往往是开启他们理解下一步的关键：怎么做到呢？我们拭目以待。

8. 供支架，破难点

罗森海因告诉我们，让学生接受"认知学徒制"很重要，通过这种形式，他们可以从优秀老师那里习得认知策略。当学生在培养自我独立性时，优秀老师会向他们进行示范，给予指导和支持。关键点在于支架是临时性的；在认知发展过程中，支架能提供支持，但要适时撤除，这样学生就不会产生依赖性。这是一种指导练习的形式，是独立练习的前导。原理 4 做示范，给样例中的所有想法都可被用作临时支架，之后将被撤除。

有关支架的一个典型例子是使用辅助轮来学习骑自行车。我和我的女儿有过这样的经历。她发现骑自行车很困难，所以我们给自行车安装了辅助轮，让她先在转向、踩踏板和找平衡中获得自信。然后，我们卸下辅助轮，我扶着自行车座在她后面跑。最后，她喊道："爸爸，你现在可以放手了！"美妙的是，我早已经放手了！她出发了，独立地骑车出发了。在学习过程中，辅助轮和我帮她扶车座起到了作用。

写作框架

在教室里，为写作提供支架的一个有用工具是写作框架。下表可用作文学分析中的开篇句子：

表2.1

在整部小说中，作者……	一个利于讨论长线主题的结构
乍一看，这个角色似乎……但是……	比较人物角色的表面特征和深层特征的支持结构
两首诗都……然而，诗A……而诗B……	对两首诗进行比较的结构

写作框架在科学学科中也很有用，可以帮助学生将观察结果组织成结论：

表2.2

最初,浓度是	50%X 和 50%Y
接着,随着 X 的增加	Y 减少,混合物的颜色变深
这反过来引起了	水瓶变暖
所以这是一个	放热反应

拓展性写作教学的一个普遍的特征是提供段落结构作为支架:

表2.3

P E E	要点(point) 证据(evidence) 解释(explain)	S Q I D	陈述(statement) 引用(quotation) 推理(inference) 发展(development)	P E T A L	要点(point) 证据(evidence) 技巧(technique) 分析(analyze) 链接(link)

这个思路是要教学生如何组织他们的想法。对许多学生来说,习得各种表达形式的知识对于他们的成功很关键。然而,如果过度使用,这些段落读起来可能会很公式化,所以当学生达到更高的水平时,他们需要放弃这样的段落写法,以展现更高的天赋和个性。支架的全部意义在于,最终,它必须被拆除!

范　例

还有一种有用的支架形式是检查以前学生或老师制作的范例。书面的成功标准可能会让人感觉有点晦涩难懂，不好解释，而不同标准的范例之间的差异更容易理解。

如果要求学生了解范例的积极特征和改进范例的方法，然后将自己的作品与范例进行比较，学生通常可以更好地理解那些有助于成功的要素。这也可以应用于写作或其他创造性过程——艺术作品或技术产品。

策略思维

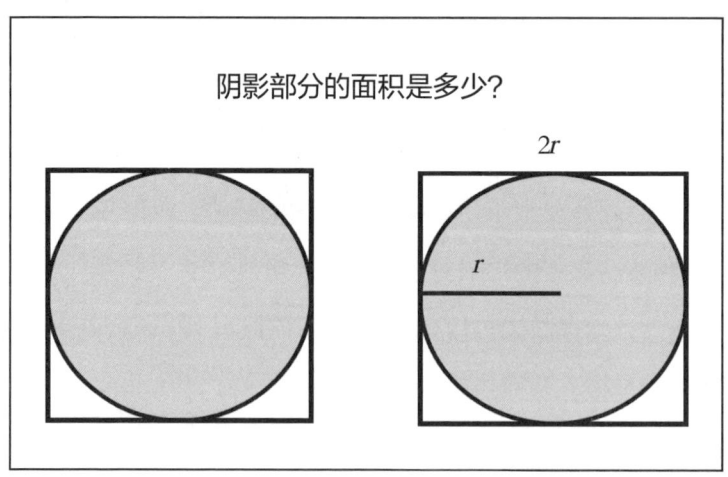

图 2.6

在以上的问题（图 2.6）中，学生能对右边的图案做出回答，却会对左边的图案感到茫然失措，这仅仅是因为，在明显没有任何尺寸的情况下，他们无从下手。标注图表这一简单的行为提供了解决问题的方法。一旦标注了半径，圆的面积可以写成 πr^2，正方形的面积可以写作 $2r \times 2r$。但是，学生需要知道他们有权自己去做标记；引入代数变量并使用这个变量。这是一个相当大的进步，需要示范和支架，这样学生才能自信地独立完成任务。

大多数需要解决问题的学科都有相对少的典型问题。一旦学生熟悉了这些问题，就会大大减少他们在之后遇到这些问题时的认知负荷。从这个意义来说，简单地让学生多接触一些典型问题的范例，就可以培养他们解决问题的能力。

预测错误和误解

示范的重要作用之一是预测常见错误并明确挑战误解。在数学和科学学科中，有许多人们熟知的常见误解和错误；在写作中，有许多常见的拼写和语法错误。提供支架的一种形式是正面解决这些问题，强调潜在的陷阱，支持学生检查自己的作业，从而使学生正确地认识这些陷阱，并能够自我检查和自我纠正。

这还包括基本的数值运算，例如在减法、乘法和除法中保持位值对齐；或者遵循 PEMDAS（P 即 parentheses，括号：先计算出现在括号里的内容；E 即 exponents，指数：算出所有带有指数的值；MD

即 multiplication and division，乘除法：按照从左到右的顺序算出所有乘除法；AS 即 addition and subtraction，加减法：最后，按照从左到右的顺序算加减法）运算顺序；当减去负数或除以小于 1 的数时，检查数值是否增加。

在写作中，可以给学生一份常见错误清单——句号、大写字母、单引号的正确使用法，他们的 / 那儿 / 他们是（their/there/they're）之间的区别，最初学生会使用这份错误清单，等他们内化这些习惯用法后逐渐停止依赖这份清单。

在科学学科中，常会有以下这些误解：地球的阴影引起月亮的相位变化（并不是这样），树木的质量取决于土壤（它取决于空气），或者"冷气"可以流入房子（事实是热量散发出来，降低了室内的温度，并不存在"冷气"这种实体）。在直接预测和教授这些内容的过程中，学生能够对相关主题形成一个更完整的图式。

模块 2

善提问

Questioning

　　罗森海因的教学原理最重要的启示之一是,有效的提问是出色教学的核心。这与纳特霍尔、威廉姆和其他人的想法不谋而合,显然,这样的教学需要一个互动极强、动力十足、反应迅速的过程。

相关的教学步骤包括:

- 提出大量问题,并检查学生的理解情况。
- 让学生解释所学到的内容。
- 检查所有学生的回应。
- 提供系统性的反馈和纠正。

3. 善提问，明联系

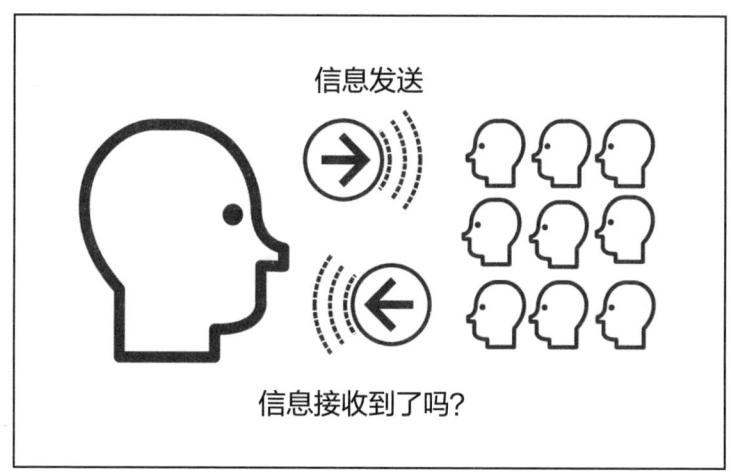

图 3.1

课堂本质上就像一个房间，里面挤满了高度个性化的、容易分心的、会形成图式的大脑。作为教师，重新审视"课堂"这一概念时，我们要学着从学生那里获得尽可能多的反馈，这一点很重要。我们看不到正在发生的学习，但是我们可以寻找线索。我们应该不断地思索：这是怎么回事？对此我解释得如何？学生是怎么理解的？然后收集各种信息，使得我们能够回答这些问题。

罗森海因传达的一个强有力的信息是，高效的教师会提更多的问题，让更多的学生参与进来，能更深入地探究，花更多的时间来解释、澄清和检查学生的理解情况。此外，他们会要求学生解释自己回答问题时的思考过程，即讲述自己的想法。值得注意的是，"不太成功的老师较少提问,并且几乎从不提问过程方面的问题"。[1]

我发现了一套特别的,对老师很有用的提问策略,以下就是我在培训中经常用到的一些。把这些策略结合起来可以发挥提问的全部威力,每个策略都旨在实现一个特定的目标。操作思路就是可以刻意练习一到两种策略,直到形成一套自然的、默认的模式来进行响应式教学。

冷不防点名提问[2]

要求:如果我们想让所有学生学习全部的材料,那么应该让他们有时间思考并都能参与到师生对话中来,任何人都不应该被隐藏、被支配或被忽视。

做法:不要举手!老师来提问,然后根据对班级的了解选择学生回答,这样可以避免举手或大声回答的陷阱。这是一个包容的过程,很明显可以让所有学生都参与到课堂学习中,前面的、后面的、角落里的、害羞的、自信的……所有人。这不是一次性策略;理想情况下,它应该是大多数提问的默认模式,并且绝对是常规做法。

---

[1] Rosenshine, B. (2012). Principles of instruction: Research-based strategies that all teachers should know. *American Educator, 36*, 14.
[2] Lemov, D. (2015). *Teach like a champion 2.0: 62 techniques that put students on the path to college*. San Francisco, CA: Jossey-Bass.

无退出权[3]

要求： 当学生回答问题不确定时，不应该让他们有担忧受惊的心理；如果他们不知道答案或回答错了，老师应该给他们机会，让他们理解正确答案，获得信心。此外，教师不应该允许学生形成一种防御习惯，为了逃避就简单说句"我不知道"。

做法： 如果一个学生或几个学生回答完全错误或部分错误，或者他们说不知道，那就让其他学生回答或教师提供正确答案。但是，教师要再回到那些回答错误或回答不出的学生，给他们一个说出正确答案的机会。这也给了他们一个练习的机会，如果经常这样做，学生们很快就会明白，一个人静静地待着，以"我不知道"为借口，是没有用的。

再说一遍，说得更好一点

要求： 学生在出声思考和构思时的第一次回应语言不完整，这是正常的。第二次回应的机会让他们能够精炼答案，增加深度、准确性和复杂性。重要的是不要在学生不确定答案时抑制其想法；同样重要的是，也不要让他们认为平庸的答案就够好了。

做法： 学生给出一个简短、半成形或部分正确的答案时，请记得

---

[3] Lemov, D. (2015). *Teach like a champion 2.0：62 techniques that put students on the path to college*. San Francisco, CA：Jossey-Bass.

说:"谢谢,太好了……现在我们再说一遍,说得再好一点。再试一次的时候要确保你添加了'X',并把它与'Y'想法联系起来。"这就给了学生一个立即改进的机会。

独立思考、小组讨论、全班分享

要求: 小组讨论时,你可以给所有学生思考的空间,让他们说出初步的想法,承认某方面知识的欠缺,并准备好给出理想的答案(即"排练")。学生都参与其中,在随后的讨论中一起探索学习材料。这样做可以避免"无法问答"式的沉默阻碍课堂讨论,也可以避免"举手如林"的场面,否则学生要么紧张地等着被选中回答,要么急着大声说出答案。

做法: 给全班一个具体的有时间限制的任务,例如,在三分钟内按重要性的顺序选定四个要点,让他们两人一组进行讨论,时间到了后,用指令让他们回到课堂。然后查看班级情况,并冷不防点名提问,要求他们汇报所选定的四个要点是什么。你也可以让他们互相解释,或者根据提示单或文本轮流提问。

全班回应

要求: 有时,同时得到每个学生的回应是有用的,甚至是必要的。作为教师,这样做可以就相关的教学与学习交流成功与否提供快速的反馈,可以辨别出谁需要进一步的信息输入,并且,在你对你所得到的反馈进行回应时,这样做有助于指导你随后的问题或练习。

做法:比起其他技术,我更喜欢使用白板,它们既便宜又快捷,既可以回答单选题,还可以练习句子、计算、图表,它们是全方位的。你设置好问题,留出一些回应时间,然后,时间提示……"3,2,1,向我展示……"学生立即展示答案。简单地用一根、两根、三根、四根手指表示 A、B、C、D,在单选题上也很有效。与学生的回应进行互动非常重要,你可以据此相应地调整教学,适当地巩固或重新解释或继续教学。

在引入新词汇的情况下,教师可以通过精心安排的集体重复朗读获得良好的效果;这样,所有学生都参与进来,在班级集体声音的掩护下,从练习中获得信心。

探 究

要求:为了深入探究学生的图式,教师需要问学生几个问题。与每个学生回答多个问题这种方式相比,只向几个学生依次问几个单一问题,老师得到的回应是肤浅的。用回答多个问题的方式来探究每个学生的学习图式是一种很有用的提问模式,也是一种指导性练习形式。

做法:在任何的上课交流中,默认的做法是,在继续下一节教学前,你要问每个学生3至5个问题,看看学生的理解情况,检查学生是否有误解,再增加一些额外的挑战,并提供支架帮助以确保学生获

得成功。罗森海因在他的教学原理中提供了一些很好的例子。关于老师与学生对话时应该怎么说,以下是我的想法[4]:

◆这很有趣,你为什么这么说?
◇这是真的,但你为什么会这么认为呢?

◆能不能用不同的方式说说同一件事?
◇你能举一个发生这种情况的例子吗?

◆你能解释一下你是怎么想出来的吗?
◇那么,如果我们把它变大或变小,会怎么样呢?

◆为什么?你确定吗?还有别的解释吗?
◇那些事情中,哪件事影响最大?

◆将所有想法联系在一起的主题 v 是什么?
◇有什么证据支持这一建议?

◆有人同意这种说法吗?为什么?
◇有人不同意这种说法吗?那你会怎么说呢?为什么会有不同?

◆这个答案和那个答案相比怎么样?
◇但这是什么原因呢?这和第一部分有什么关系?

---

[4] 教师向学生提问时,可以先提出"◆"后的问题,在学生回答之后,继续提出"◇"后的问题,以检查学生的理解情况。——编者注

- ◆ 你是怎么知道的？是什么让你想到这儿的？这个想法是从哪里来的？

  ◇ 这总是正确的吗？还是仅仅在这个例子中正确？

- ◆ 与之相反的是什么？

  ◇ 这对每个人还是只对一些人来说是正确的？

- ◆ 这是结果的直接原因，还是说这仅仅是巧合、一种相关性？

6. 勤检查，补缺漏

在1982年的论文中，罗森海因画线强调了"勤检查,补缺漏"，并采用了首字母缩略词"CFU"（checks for understanding）来表示它，使其在所有教学功能中脱颖而出。这似乎是整个教学过程的核心。从我观察和教授数百节课的经验来看，我是完全赞同这一点的。对我来说，这是教学原理的核心概念。基于我最近教师培训师的工作，我认为CFU可能是我所看到的一般教学领域中最需要改进的，所以我很高兴看到罗森海因逐字地强调了它的重要性。（毫不奇怪，这也是道格·莱莫夫《像冠军一样教学》中的一个重要主题[5]。）

1986年罗森海因撰写了《教学功能》，其中论述了使用CFU时

---

5 Lemov, D. (2015). *Teach like a champion 2.0 : 62 techniques that put students on the path to college*. San Francisco, CA : Jossey-Bass.

的注意事项，以下是一段精彩摘录：

> 勤检查，补缺漏的错误做法是只问几个问题，叫几个人自愿回答，听到他们（通常是正确的）的答案，然后就认为全班学生要么已经理解了问题，要么已经从自愿回答者的回答中学会了。另一个错误做法是问，"还有什么问题吗？"如果没人回应，教师就认为每个人都理解了。还有一个错误（特别是对于较大的孩子）是认为没有必要检查他们是否已经理解，简单地重复知识点就足够了。[6]

我很喜欢这段话，这种情况实在太普遍了。我经常用来强调这个问题的一个场景是，想象你正在教一些高风险的东西，比如速降（绕绳下降）。如果你的目标是让新手速降队员独立绕绳下降并安全落地，你不能简单地展示基本技巧并问："还有什么问题吗？"或者认为一个学生的正确示范就表明其他学生也都学会了。如果能避免以上的做法，你的教学可以走得更远。你必须要检查每个人，让他们都能做到，并让他们充分地练习。

然而，在课堂上，对于学习理解，老师总是使用这些反问的、自我回答式的问题和粗略的假设，不管是分数的相加还是动词词形的变化！从学习角度来说，这是很危险的。

6　Page 388 from Rosenshine, B., & Stevens, R. J. (1986). Teaching functions. In M. C. Wittrock (Ed.), *Handbook of research on teaching* (pp.376–391, 3rd ed.). New York, NY：Macmillan.

如果我们想要确保所有的学生都已正确理解，教师就不应该主观假设每个人都已吸收和学懂在课堂的公共空间中传播和分享的知识。为了确认学生是否理解你教授的知识，有必要检查学生的理解情况。学生现在是否达到了你期望他们达到的理解水平呢？

有个例子或许类似于我在培训中经常使用的问题：太阳为什么从东方升起？人们通常认为自己知道这个问题的答案，直到他们开始向别人解释时！

人在回答此类问题的过程中，首先把以前学的内容生成一个新的版本，然后再对该版本进行评估，以确定它是否完整和正确。所以，无声的自检过程本身就很强大。不过，教师也可以让全班同学两两配对互相解释，这样可以让每个人都参与进来。然后再对班级进行抽查，以检查个人的理解情况。重要的是，教师应该要求学生快速浏览自己的全部解释，而不仅仅是其中的一小部分，以确定学生图式的准确性。

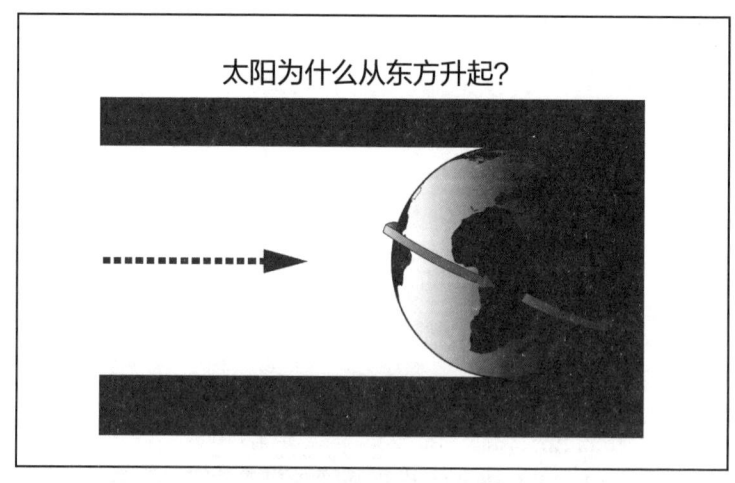

图 3.2

《高效能教学原理》建议的过程是，在某个学生进行阐述或与其进行问题交流后，教师应该要求其他学生来复述自己所理解的内容。教师应该问"你能告诉我你明白了什么吗？"而不是"你明白吗？"，这两个问题是完全不同的。

即使是回答别人已经回答过的问题，教师还是可以给其他学生机会说出他们的答案，展示他们所理解的内容，也使教师从中得到反馈，看看教学是否成功了。这样的做法是很有价值的。向多名学生提问尤其有效。学生通常会有各种不同的答案，这会为教师进一步的教学提供不易发现的要点。这样的提问可以和全体学生用迷你白板回答问题或者布置简短的写作任务相结合。当教师在课堂里走动时，每个学生都写出答案来表明自己的想法。

定期检查学生的理解情况有两个关键好处：

（1）老师可以得到反馈，哪些部分的材料可能需要重新复习、重新教授，或者给予更多的练习时间。

（2）在复述自己的理解时，学生可能会阐述相关图式中的知识，这将加强不同观点之间的联系并增强学生的长时记忆。这种检查有助于学生在下次检查时记得更多内容。

罗森海因认为"勤检查，补缺漏"的重要性加强了以小步骤呈现新材料的必要性。如果我们让学生一次对太多的材料进行心理总结，他们可能会产生理解错误，然后将习得的误解存储在自己的图式中。尤其当学生的已有背景知识中缺乏与新概念有关的内容时，更会如此。如果我们能用少量的材料检查学生的理解情况，我们可能会让学生形成更强大、更可靠的图式。

"勤检查,补缺漏"可以在总体上支持教师教学,而当我们着眼于个人成功最大化时,它可能会变得相当有说服力。例如,教师可能在课堂讨论后形成一个确定的答案,或者预先确定一个正确的答案应该是怎样的。然后,当学生写下自己的答案或进行口头解释时,教师可以将预先确定的答案作为 CFU 过程的关注点。

表 3.1

太阳为什么从东方升起	正确程度
日出前,太阳在远处,地球上正在经历夜晚的人们是看不见它的	
地球自转→逆时针 (从北极看)	
随着夜幕离去,太阳出现在东方地平线上,如果我们面朝南,太阳就在我们的左边	
"升起"的印象是一种错觉;这只是地球相对于地球与太阳的连线的自转	

总的来说,我主张老师在上课的时候,把"勤检查,补缺漏"放在教学思考的中心地位。它促使我们思考我们想让所有学生知道的细节是什么,也让我们思考如何准确地组织课程,以最大限度地使学生多回答,且答案有深度。

模块 3
勤复习

Reviewing Material

学习中的一个主要问题是：不可避免的、可预测的且很自然的遗忘过程。除非我们温习所学，否则我们对那些信息的记忆会减弱；我们记得的细节和关联度会越来越少，并且发现很难回忆起以前学到的东西。提取练习可以帮助我们建立长时记忆并增强回忆的流畅度。

相关的教学步骤包括：

- 在一堂课的开始，简要回顾先前的学习内容。
- 必要的时候重教材料。

1. 先复习，后上课

每日复习的目的之一就是增强回忆的流畅度，这和每周、每月复习的目的是一样的。每日复习的意义在于让学生重新激活最近习得的知识，在这些知识的基础上开始新课，可以减轻学生的认知负荷。学生不一定能轻松回忆起最近学习的知识，但教师能预见到这一点而不为此感到沮丧，还是值得的。如果我们要增加更多层次的复杂知识，让学生之前学习的知识在工作记忆中处于活跃的状态是很重要的，否则我们想构建的联系难以发生。

一个很常见的例子可能是使用新术语或新词汇。比如昨天我们学了一个新词："冗长的"（sesquipedalian），意为喜欢用长词的，啰唆的。今天，我们想用这个词的知识来学习一个文本。我们可以从单选题开始，每个人都需要独立回答问题，说出他们选择的正确答案和其他答案不正确的理由：

哪个句子使用"冗长的"这个词最合适？

（1）年长的人都过了70岁。（Sesquipedalian people are in their 70s.）

（2）手术后，这个人感到接不上气。（The man felt sesquipedalian after his operation.）

（3）约翰说话真啰唆，他的观众有时会走神。（John was a rather sesquipedalian speaker; his audiences would sometime lose focus.）

（4）这篇演讲中事实倒是罗列了一大堆，但无法支持她的主要论点。（The speech was full of sesquipedalian facts that didn't support her main argument.）

以上的提问不仅仅是对学生说："都记得我们昨天学到了什么吗?"而是要让学生对所学内容进行深度思考。

另一个例子是对一段文学文本的引用：

根据昨天的课，完成这段选段，然后两人一组，讨论《麦克白》第三幕第二场选段的意义。

啊，我满_____是_____，_____。（啊，我满脑子都是蝎子，亲爱的妻子。）

我们也可以要求学生进行一些简单事实的回忆。

◇我们学过了风力发电相对于燃煤发电的五大优势，它们是什么?

◇我们昨天练习了一些"角"的问题。试着回答幻灯片上的三个问题来唤醒记忆，为了便于你开始回答，第一个问题已经给了部分答案。

正如认知学家埃弗拉特·弗斯特（2019）在她关于理解"理解"

和重新巩固记忆的著作[1]中解释的那样,教师在教学中应该考虑到一个自然的时间延迟因素。当学生遇到新材料时,他们会经历一些短时的困惑、回忆流畅性不强,这是完全自然的,因为我们不能瞬间重新连接大脑。每日的例行复习可以起到检查的作用。我们可以看到随着时间的推移,学生对记忆中的知识已经掌握得足够好,并可以在此基础上继续学习。

10. 周回顾,月复习

周回顾和月复习的主要目的是确保以前学过的材料不被遗忘,降低自然遗忘率。另外,通过频繁地复习各种学习材料,学生能够形成联系更紧密的观念之网——更广泛的图式。这种形式的练习有助于学生学习更多的信息,更容易成功地解决问题,因为这不需要很多的短时记忆空间。

高效的教师通常会让学生进行各种形式的提取练习,使其回忆和应用以前学过的材料。

在这个例子中,假设我们希望所有学生都知道民权故事中的一些关键事件及其时间。可进行的一项任务是让他们先学习表 4.1 的内容,然后在接下来的一周,让他们根据表 4.2 右侧的事件(打乱顺

---

[1] Furst, E.(2019). Understanding understanding [Blog post]. Retrieved from https:// sites.google.com/view/efratfurst/understanding-understanding.

序),在表4.2左侧填上时间。这个练习学生可以在家做,并且自己检查。在可能的情况下,要鼓励学生自己检查答案,这样更好。一周后,我们可能会提供一张仅有时间的表格(同样打乱顺序),让学生填写事件,以混淆材料的测试方式。

表4.1

1955	蒙哥马利巴士抵制运动
1960	自由之夏
1963	华盛顿游行
1964	《民权法案》
1965	黑人权力的崛起
1968	马丁·路德·金被暗杀

表4.2

?	《民权法案》
?	自由之夏
?	华盛顿游行
?	马丁·路德·金被暗杀
?	蒙哥马利巴士抵制运动
?	黑人权力的崛起

当然,知道这些事件的时间只是为更高级的作业打下基础。其道理是当学生能流畅地回忆起这些基本事实后,他们的工作记忆中会有更多的空间,可以运用知识来解释更深层次的问题。

提取练习的另一种形式是利用叙事结构的记忆构建能力。这不仅仅是简单的回忆测试！我们拿水循环的回顾理解和记忆来举例。这个练习要求学生讲一个水分子的故事，使用正确的状态变化术语和能量概念，从海洋开始讲。

然后，让学生单独或两人一组，用阐述性疑问句提问。这是怎么发生的？为什么会这样？这种类型的提问已被证明对未来的记忆保持[2]有很大的影响，因为它促使我们形成更连贯的图式（图 4.1）。

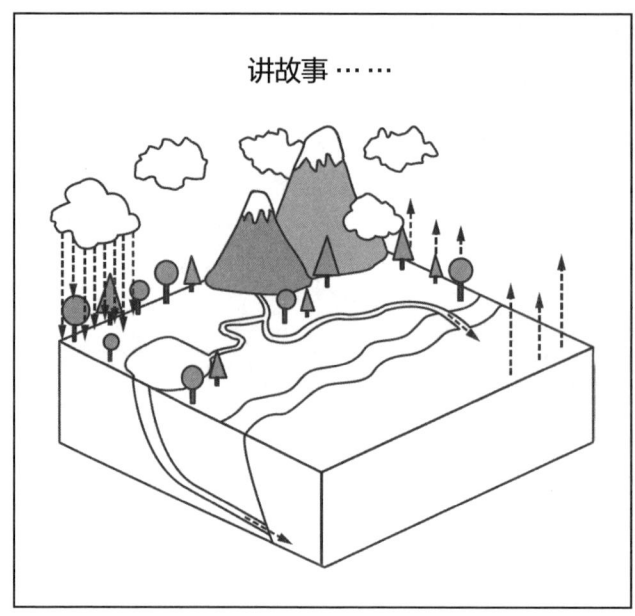

图 4.1

2　Weinstein, Y., Sumeracki, M., & Caviglioli, O. (2018). *Understanding how we learn: A visual guide*. Abingdon, United Kingdom: Routledge.

最后，一定要记住：我们都会有自己已经搞懂了的错觉。正如西蒙拉在MARGE[3]的"G"和"E"，即生成/评估（generate/evaluate）中解释的那样。如果信息不断地呈现在我们面前，我们很容易认为自己已经学到了一些东西。我们看到自己认可的想法，所以告诉自己已经学会了。然而，为了评估回忆和理解，我们必须能在不查看信息来源的情况下，从记忆中生成信息。这告诉我们，作为学习者，我们要了解自己知道什么、不知道什么，它甚至可以发生在老师了解我们之前。

我有一个学习的例子，是了解有关亨利八世六任妻子的著名故事，了解掌握的关键事实和细节。读过几遍故事后，我发现我还是忘记了一些关键细节。因此，为了加强记忆，我重新学习了这些材料，侧重于更具体的信息——姓名、结婚日期、他们的命运，然后凭借记忆"生成"了这个时间线（图4.2）。对于生成的信息，我参照信息来源进行了评估，并添加和更正了一些细节，几天后再重复这个过程。最后成功了！

3　Shimamura, A. (2018). *MARGE: A whole-brain learning approach for students and teachers*. Retrieved from https://shimamurapubs.files.wordpress.com/2018/09/marge_shimamura.pdf.

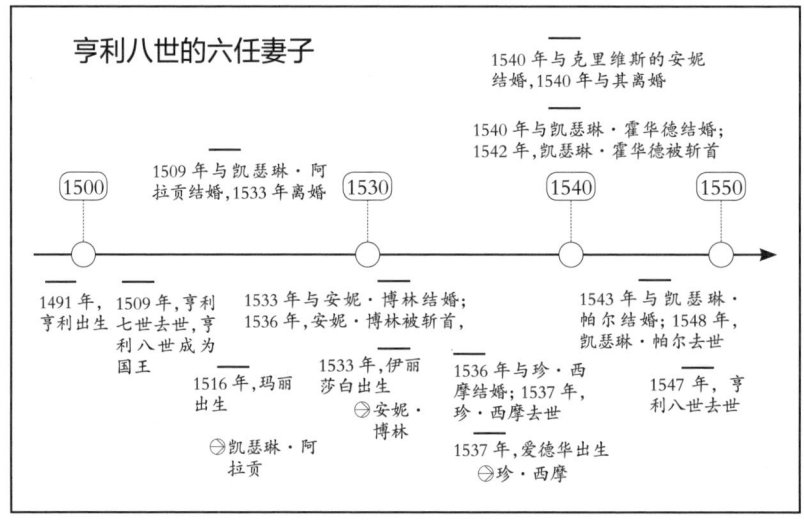

图 4.2

我发现这样做有助于我回忆起这些信息，因为我对每个女人都添加了更多层次的叙述。一旦安妮·博林（Anne Boleyn）或凯瑟琳·霍华德（Catherine Howard）有了鲜明的特征和生活故事，她们就不再是纸面上平淡无奇的名字。我为她们架构的图式更加完整，与其他图式也有了更多的联系，这都是流畅回忆的基础。

一般来讲，学习是一个"生成过程"，这一观点很重要。每日、每周和每月的复习活动让学生能够生成自己所了解和理解的知识体系，这有助于加强他们未来对相关知识的提取能力，提高回忆流畅性，并确定自己可能存在的问题或不确定领域。

总之，为了使每日、每周和每月的复习成为有效和可持续的日常学习的一部分，我建议应遵循以下原理：

- 人人参与：好的教学技能应该检查每个学生的知识，而不是像通常提问时那样一次只检查几个人或一个人。

- 使检查准确简单：所有学生都应能够找出自己对和错的地方，了解自己哪里学得好，哪里还与他人有差距。好的教学技能能让学生自我检验，检查学习的准确性和完整性。这不同于仅仅给学生提供广泛的评分标准，而是超出简单的提取练习活动，给予学生更久远的评估。

- 特定知识：在合适的情况下，最好让学生能够了解任何提取活动所基于的知识，这样他们就可以学习、准备和自我检查。学生必须能够检查自己的答案。

- 生成能力：学生需要探索自己的记忆来检查自己所知道和理解的；这意味着要把提示卡、提示词、支架和作弊纸条都拿走。这就意味着要合上书，让学生独立思考。

- 增加方式：把各种检查方式混合使用，如老师引导、自我测验、书面和口头测验、自我解释、"讲故事"、单项选择和开放式测试、复述解释、总结、创建知识地图、演示以及表演所学的技巧、惯例检查和步骤解析。这可以让学生以不同的方式探索自己的图式，从而增强未来的记忆。

- 节约时间：一个好的教学技能可以被高效地重复使用却又不主导整节课。

- 提高效率：最好不要由老师检查学生的答案，否则老师会有无法承受的工作量。老师可以偶尔检查测试，但是对于常规练习，学生应该自己检查。

模块 4

精练习

Stages of Practice

我如此热衷于罗森海因的《高效能教学原理》的原因之一是,它将练习的理念放在了首位。从事教师这个职业,我们都经历过这样一个时期,像死记硬背、重复或句型操练这样的做法被蔑视和嘲笑为过时的,甚至被描述为其违背了高效学习的精神。但当你把这些想法去妖魔化,简单地将其重构为练习,把它们作为一个全面的学习过程的一部分,这似乎是完全合理的。不经过大量练习,任何人都无法擅长任何事情,练习要从我们的课堂开始。

相关的教学步骤包括:

- 为所有学生提供高水平的主动练习。
- 在学生开始练习时,予以指导。
- 使学生在独立练习前做好充分准备。
- 在学生开始独立练习时进行监督。

指导练习和独立练习之间的区别就是罗森海因理念的标志。

5. 尝试练，获体验

罗森海因认为，在观察型研究中，最高效的老师会花更多时间进行指导性练习，这和他们花更多的时间提问、检查学生的理解情况及使用更多的样例息息相关。其道理是，如果学生要在某个知识领域成功地变得自信和独立，老师需要确保他们在早期就形成一个强大的图式。

重要的是，我们实际上需要对如何练习有个全面的认识。在《高效能教学原理》中，罗森海因说：

> 信息加工研究的一个重要发现是，学生需要花额外的时间对新材料进行转述、阐述和总结，以便将这些材料储存在长时记忆中。

这为我们提供了指导，让我们认识到学生在练习时可能会经历的各种认知过程。有很多种方法来重温学习材料以使图式的形成过程能够成功。

所有学生都需要练习，但必须是指导性练习，以尽量降低形成误解的可能性。不仅如此，指导对于高成功率至关重要，而高成功率反过来又会激发学生在更独立的工作中的积极性和参与度。学习者越不自信，所拥有的先验知识越少时，指导性练习就越重要。随着学生知识和信心的增加，指导性练习时间会越来越短，学习者也可以一次学习大量的材料。

从本质上说，指导性练习通常是指有详细讲解的学习活动、高频而简短的问答，或者是教师和学生一起互动的简单任务。在这样的互动任务中，教师会有很多示范、纠正或肯定的反馈，而且会在教学目标没有达成时重新讲授。如果学生参与了罗森海因所说的"课堂作业"（seatwork），那么老师需要在课堂巡视中仔细观察学生的反应，在早期检查中就发现学生的错误或成功。如果早期练习或指导不足，学生经常会在随后的独立任务中踌躇不前。

指导性练习可以以多种方式应用于学习，增强回忆流畅度，并最终达到回忆自动化。在很大程度上，善提问和勤检查（模块2）是一种指导性练习。做示范和供支架（模块1）也是指导性练习的一部分。在这一点上，《高效能教学原理》相互重叠并相互补充。

教师有时面临的一个问题是，如何产生能让所有学生都参与的高水平的重复学习。除了设置同一类型不同问题的练习，我还看到教师很好地利用集体朗诵和快速提问来实现高频的重复。这些策略可用于任何课程，包括以下这些内容：

使用前置状语以达到戏剧效果：学生练习这些句子，反复说出由每个变体组成的句子主干。

像闪电一样快……他消失在栅栏后面；他爬上高塔；她变出一瓶毒药。（Quick as a flash... he disappeared behind the fence; he climbed the tower; she conjured up a potion.）

突然地……她掉进了一个洞里；巨大的冰雹开始落下；他改变了情绪。（All of a sudden... she fell down a hole; giant hailstones began to fall; he changed his mood.）

如果学生没有机会在早期练习如何使用这些短语，他们不太可能能够独立使用它们。

100的数字组合： 老师喊出一个0—100间的数字，学生答出它的数字组合，使两数加起来为100，还可以扩展到1000或任何其他数字。

56……44！！

87……13！！

23……77！！

这一练习的目标是通过提高反应速度来提高流畅度。学生练习得越频繁，反应越快。

外语： 在法语课中，学生们学习一个新短语，并通过反复应用使口音更纯正。指导练习阶段包括全班反复齐声朗诵，此时老师先示范法语，然后过渡到只说英语。

Où que j'aille/Où que j'aille/Où que j'aille（无论我去哪里）

quoi que je fasse/quoi que je fasse/quoi que je fasse（无论我做什么）

Où que j'aille, quoi que je fasse/Où que j'aille, quoi que je fasse/Où que j'aille, quoi que je fasse（无论我去哪里，无论我做什么）

无论我去哪里：Où que j'aille

无论我做什么：quoi que je fasse

无论我去哪里，无论我做什么：Où que j'aille, quoi que je fasse

无论我去哪里，无论我做什么，太阳总是在照耀：Où que j'aille, quoi que je fasse, le soleil brille toujours.

无论我去哪里，无论我做什么，我总是会发现垃圾：Où que j'aille, quoi que je fasse, je trouve toujours des déchets.

齐声朗诵中也可以穿插个人问答，强调一些句法和发音的细节。这些课堂活动对学生树立起信心意义重大。

练习的一个共同特征就是重复。有时练习活动不成功，是因为学生一次练习的东西太多了，以至于他们每个单项的练习都不够充分。语言课中多有这种情况，因为有太多的新单词和语法点需要练习；拓展写作任务也是如此，学生在内容、结构、语言、语法中苦苦挣扎——在这一切的重压下挣扎。诀窍是分解任务，就如原理2（模块1）所建议的那样，在将小步骤融入更复杂的任务之前先重复练习小步骤。

7. 赢成功，有成就

罗森海因提到的研究包含了一些细致的小型研究，其表明，高效的教师通过设置问题和任务来使学生获得充分的练习，以取得较高的成功率——最佳成功率约为80%，他甚至认为下降到70%就太低了。如果学生犯了太多错误，那么他们实际上是在练习犯错！这些错误会成为学生所学知识的一部分，学生以后会很难克服。

这个想法就是，在成功率为80%时，学生进行的大部分是巩固安全无误的学习内容，这样的学习可以提高学生的回忆流畅度和自信心。这为学生以后的学习提供了一个更强有力的平台。然而，在早期阶段，我们并不要求学生成功率达到90%—95%。重要的是，学生需要一些挑战，前方有学习目标。成长型思维研究[1]公认的一点是，为了成功，学生需要以积极的态度应对挑战，有信心从错误中学习，而不是害怕犯错。这就是我们取得高水平成就的秘诀：我们超越现有的能力，努力运用策略，直到成功；或者改变策略，寻找到更好的道路。然后，我们要一直实践成功的策略提高流畅度并继续前进。策略和努力同样重要。

---

1 E.g., Yeager, D., Walton, G., & Cohen, G. L. (2013). Addressing achievement gaps with psychological interventions. *Phi Delta Kappan, 94*(5), 62–65. Retrieved from https://labs.la.utexas.edu/adrg/files/2013/12/PDKYeager-Walton-Cohen-2013.pdf.

对教师来说,这意味着我们需要不断评估学生的成功率:

  如果他们的成功率太低,我们可能需要退回去:重新教学,重新解释,重新示范;稳扎稳打,以退为进,也许可以尝试不同的方法。然后我们需要想方设法给学生更多的指导性练习,让他们达到关键的 80% 的门槛。此时不要引入新知识,学生只是需要更多的练习。

  如果成功率远远高于 80%,这表明学生已经准备好迎接更多的挑战。我们需要在学习任务中增加知识需求的深度,设置更困难的问题,要求更深入的解释,移除一些支架和支持。

在我看来,在一个学生能力参差的班级里,短时间内让所有学生整齐地实现 80% 的目标是不现实的。80% 的目标更适合作为一系列课程的总体基准——这边给予更多的支持,那边增加一些挑战,轻轻推进、慢慢延伸、大力推进、给出线索、增加支持、取消支持……这是课堂互动的细节与教学任务和教学资源的规划的结合。根据学生的学习情况,这种结合可以让学生以不同的速度或深度取得成功。此外,当我们得出一个主题的结论时,你很可能期望学生在知识测试中接近 100% 正确:那就是明确的目标。

9. 独立练，求掌握

从许多方面来说，教学的最终目标是构建学习体系，以便学生能够在没有帮助的情况下独自完成具有挑战性的事情。"成功高效的教师不管在课上还是课后都提供了广泛而成功的练习。"[2] 较为低效的教师不仅会减少指导性练习，而且也不会为学生独立练习提供足够的机会。判断学生是否从需要强有力的指导向独立学习者转变是一项微妙的技能。这是教师专业知识的一个核心要素。这种专业知识的发展和提升需要教师了解学习材料，知道如何将学习材料分解成切实可行的要素，当然，关键的一点是要懂学生。

罗森海因提出，重要的是，学生在独立练习中和在指导练习中的练习材料要相同，这样才能确保适当水平成功率(80%)。在独立练习中，成功率需要尽可能高，尤其是当老师不在场提供纠正反馈时。

许多学习经历的基本流程如下：

---

[2] Rosenshine, B. (2012). Principles of instruction : Research-based strategies that all teachers should know. *American Educator, 36*, 19.

表 5.1

教师讲解	模块1：调扶放			
教师示范				
学生利用必要的支架进行指导性练习		模块2：善提问		模块3：勤复习
教师检查学生的理解情况				
慢慢撤出支架和支持			模块4：精练习	
学生开始独立练习				
学生越来越熟练				

我喜欢一个更简单的版本：我做了；我们做了；你们做了——我、我们、你们都做了。不管我们如何表达，给学生足够的机会自己完成任务是至关重要的。这个道理适用于学习的任何情况，不管是他们在演讲或写作中使用新词汇、进行数学运算、解释任何自然现象、讲故事、辩论、演奏一段音乐抑或是表演一场戏剧。

我见过一个证明这种方法不奏效的例子。一位幼儿园老师正围绕一个著名的女巫故事展开教学，试图扩大学生的词汇量。黑板上写着课堂讨论中用到的各种各样的单词和建议。老师的目标是让学生说出：The wicked witch had gnarled fingers and terrible twisted toes.（邪恶的女巫手指多节，脚趾也缠在一起。）

我们以参观者的身份来到教室，老师挑选了一名学生来展示成果。

老师：Janine, tell the visitors what we know about the witch？（珍妮，告诉大家，女巫是怎么样的？）

珍妮：The witch was really bad.（女巫真的很坏。）

老师感到沮丧，但问题很明显。珍妮没有足够的独立练习来使用目标单词，以达到自信和流利程度。在完成任务的压力下，她还是回归到了更基础的词汇。我经常会遇到这种情况。

我也见过很多优秀的例子，包括使用组织合理的协作学习——或者罗森海因所说的合作学习。我观察过的一个例子是教师先进行提问式的指导性练习，接着学生练习如何解释变压器的工作原理。从输入电压到输出电压，变压器大约会经过六个主要步骤，通过铁芯、各种线圈和磁场来实现。两个学生为一组，一个学生拥有该组的知识组织图——一张详细记录了每一步的带标签的图表；另一个学生有一张空白的图表，他的任务是，不参考任何笔记，详细复述完整的解释，这样就给了学生一个机会来练习复述细节，产生、阐述和交流这个变电过程的思考模型，同伴则担任核对者。然后，他们交换角色，并将相同的练习过程应用于其他电磁设备。这是一堂非常高效、充满活力的课。

还有一些其他的简单例子，如法语课，学生不使用笔记，根据他们最近所学进行对话;数学课,学生根据最近所学简单地尝试构建广泛的问题集;英语课,学生在没有结构化支持的情况下撰写段落或文章,这些方式都可以巩固他们刚刚习得的知识内容和技巧。

独立练习的一个基本特征是学生利用自己的资源,他们必须依靠回忆,通过反复地加强记忆的关联度和提取路径来提升流畅度,产生自己的反馈,设定自己的改进目标。教师的角色是为学生提供他们需要的工具,包括教给他们清晰的策略:使用范例或成功的标准。学生可以对照他们所理解的一套标准来检查自己的作业。

结束语

To Wrap It Up...

作为一名教师和教师培训者,我发现巴拉克·罗森海因的《高效能教学原理》一文为支持教师专业发展的过程提供了一个极好的体系。所有的原理会有交叉重合——该文也能明显体现这一点;围绕应用实践的几个关键思想以及认知过程与课堂活动的联结方式在每一节都有重复。然而,逐一考虑每一个模块还是有用的:

(1)调扶放。

(2)善提问。

(3)勤复习。

(4)精练习。

在每种情况下,我们应该问的问题不是"我们这样做了吗?",因为大多数老师都会说他们这样做了。我们都会提问,我们都会让学生做练习,我们都试着以小步骤讲授概念。我们应该问的问题是:

结束语

"我们做得怎么样？"对我来说，这就是《高效能教学原理》的力量所在，它使得我们在每一个模块都能更好地传达。

◇ 我们都可以用更有效的示范方式和支架形式找到更好的厘清概念顺序的方法。

◇ 我们都可以增加提问的强度和检查理解的深度，提高学生参与的比例。

◇ 我们都可以通过复习材料，确保更好的记忆水平和更复杂的回应，来提高教学效率和成功率。

◇ 我们都可以找到保证高成功率的更好的方法，因为我们可以熟练地从指导性练习过渡到独立练习。

重要的是，同时致力于改进每一个方面不仅不现实，而且是无益的。教师和他们的领导者应该把《高效能教学原理》作为指导的来源，也作为自我反思的工具，但是为了长远的成功，一次改进一个方面是必要的。

同样重要的是要认识到，大多数科目都需要很多课程活动和课程类型，这会随着时间的推移而变化，期望在任何一次观摩课中看到所有这些原理都被示范是不合理的，也是不明智的。

千万，千万，千万不要把《高效能教学原理》变成逐课实现的清单，这会破坏它的精神和意图。它的目的是使人们提升，而不是束缚人们！

最后，我们必须围绕它开发特定学科的范例。我们已经在教育中遭受了足够的泛化，因此把《高效能教学原理》中的某个做法强加于它不属于的领域是错误的。对于每个学科领域，教师应该考虑这些原理或四个模块如何应用。每个学科都有知识，都有练习，检查理解情况也总是起着作用，但是从物理到西班牙语，到历史，到艺术，到戏剧，到数学，再到科学，这些知识、练习和检查的形式因科目的不同而有很大的区别。我们应该为这种多样性喝彩，而非试图限制它。

感谢巴拉克·罗森海因，感谢您在《高效能教学原理》中给我们的馈赠。我所见过的数百名教师都认为教学原理极大地支持了他们课堂上的日常教学，使他们在竭力引导学生走向卓越的过程中更有回报、更有成效，我确信未来还会有成千上万的教师追随这套原理。

参考文献与拓展阅读

Works Cited and Further Reading

Deans for Impact. (2016). *Practice with purpose: The emerging science of teacher expertise*. Austin, TX: Deans for Impact. Retrieved from https://www.deansforimpact.org/files/assets/practice-with-purpose.pdf.

Furst, E. (2019). Understanding understanding [Blog post]. Retrieved from https://sites.google.com/view/efratfurst/understanding-understanding

Hattie, J. (2009). *Visible learning: A synthesis of over 800 meta-analyses relating to achievement*. Abingdon, United Kingdom: Routledge.

Lemov, D. (2015). *Teach like a champion 2.0: 62 techniques that put students on the path to college*. San Francisco, CA: Jossey-Bass.

Nuthall, G. (2007). *The hidden lives of learners*. Wellington, New Zealand: NZCER Press.

Quigley, A., Muijs, D., & Stringer, E. (2018). *Metacognition and self-*

regulated learning guidance report. London, United Kingdom: Education Endowment Foundation.

Rosenshine, B. (1982). *Teaching Functions in Instructional Programmes*. Washington, DC: National Institute of Education.

Rosenshine, B. (2010). *Principles of instruction*. Educational Practices Series 21. Brussels, Belgium: The International Academy of Education. Retrieved from https://unesdoc.unesco.org/ark:/48223/pf0000190652.

Rosenshine, B. (2012). Principles of instruction: Research-based strategies that all teachers should know. *American Educator, 36*, 12-19, 39.

Rosenshine, B., & Stevens, R. J. (1986). Teaching functions. In M. C. Wittrock (Ed.), *Handbook of research on teaching* (pp.376-391, 3rd ed.). New York, NY: Macmillan.

Shimamura, A. (2018). *MARGE: A whole-brain learning approach for students and teachers*. Retrieved from https://shimamurapubs.files.wordpress.com/2018/09/marge_shimamura.pdf.

Sweller, J., Ayres, P., & Kalyuga, S. (2011). *Cognitive load theory*. New York, NY: Springer.

Weinstein, Y., Sumeracki, M., & Caviglioli, O. (2018). *Understanding how we learn: A visual guide*. Abingdon, United Kingdom: Routledge.

Wiliam, D. (2011). *Embedded formative assessment*. Bloomington, IN: Solution Tree Press.

Willingham, D. (2009). *Why don't students like school*. San Francisco,

CA: Jossey-Bass.

Yeager, D., Walton, G., & Cohen, G. L. (2013). Addressing achievement gaps with psychological interventions. *Phi Delta Kappan, 94*(5), 62–65. Retrieved from https://labs.la.utexas.edu/adrg/files/2013/12/ PDK-Yeager-Walton-Cohen-2013.pdf.

高效能教学原理

——所有教师应了解的循证策略[1]

[美]巴拉克·罗森海因（伊利诺伊大学厄巴纳香槟分校）

蒋 慧 盛群力 译

【摘 要】 本文基于认知科学研究、高级教师研究及认知支持研究这三方面的发现，对比了大量课堂教学实践，提出了十项所有教师应了解的教学原理及许多具体的教学策略。十项原理概括了"直导教学模式"的精华，给教师提供了一套可操作的课堂教学系统。

【关键词】 教学原理；直导教学；循证策略；课堂教学

【作者简介】 巴拉克·罗森海因是美国伊利诺伊大学厄巴纳香槟分校教育学院教育心理学荣休教授。作为一个杰出的研究者，他在过去四十年中花了很多时间探讨高效教学的标志。他的职业生涯

---

* 文献来源：Barak Rosenshine. Principles of Instruction：Research-Based Strategies That All Teachers Should Know. American Education, Spring, 2012, pp.12–19, 30. Also Barak Rosenshine. Principles of Instruction.（Education Educational Practices Series21）. International Academy of Education/International Bureau of Education（IBE/2010/ST/EP 21）https://unesdoc.unesco.org/ark:/48223/pf0000190652. 本文中译文《教学原则：所有教师应了解的循证策略》（原译名）已发表于《课程教学研究》2017年第7期（收录时略有删改）。本文翻译经作者授权。

始于芝加哥公立学校的高中历史老师。作为当代国际教学理论与设计研究中一项十分有影响力的成果,本文首先收录于联合国教科文组织国际教育科学院和国际教育局联合选编的"教育实践系列"(2010年第21册),在教科文网站公开发布,之后发表于《美国教育》杂志2012年春季号。

本文提出了十项基于研究的教学原理,以及课堂实践的建议。这些原理有三个来源:(1)认知科学研究;(2)高级教师研究;(3)认知支持研究。下面先对每一个来源予以简要介绍。

第一,认知科学研究。这类研究专注于人的大脑是如何获取并使用信息的,并为人在学习新材料时如何克服工作记忆的限制(即思考时的记忆"空间")提供了建议。

第二,高级教师课堂实践研究。高级教师是指那些所在班级的学生在学业测试中取得最好成绩的教师。在一系列的研究中,研究人员观察了许多教师的教学,并记录了他们如何呈现新材料,如何以及是否检查学生的理解情况,给学生提供的支持的类型,以及若干其他教学活动。同样地,通过收集学生成绩数据,研究者可以确定更高效和较无效的教师的教学方式之差异。

第三,帮助学生学习复杂任务的认知支持研究。一些高效的教学过程,如出声思考、提供支架、提供示范等都来自这一研究。

即使以上这些是三种完全不同的研究主体,但是这三种来源的教学建议之间却毫不冲突。换句话说,这三种来源相辅相成,这样的事实使得我们相信这些发现的正确性。

教育包括帮助初学者建立强大的、易理解的知识背景。易理解的知识背景非常重要，这基于对知识的充分预演并与其他知识相联系。最高效的教师通过大量的教学支持来确保学生能有效习得、练习和联系知识背景。他们又通过教授可控数量的新材料、示范、指导学生练习、帮助学生纠正错误以及提供充分的练习和复习来提供教学支持。他们中的许多人也进行体验式的实践活动，但是这往往是在学习基本材料后进行的。

以下是基于三种来源的部分教学原理列表[2]，本文将对这些原理进行说明和讨论。

表1

1. 先复习，后上课
2. 小步子，讲练合
3. 善提问，明联系
4. 做示范，给样例
5. 尝试练，获体验
6. 勤检查，补缺漏
7. 赢成功，有成就
8. 供支架，破难点
9. 独立练，求掌握
10. 周回顾，月复习

---

2 原文中巴拉克·罗森海因共罗列了高效能教学的十七个教学步骤，译者在翻译时将其替换为罗森海因根据这些步骤制定的十项原理。十七个教学步骤的具体内容见文末表3。

1. 先复习，后上课

每日复习不仅可以巩固先前所学，也可使回忆知识时比较流畅。

研究发现

每日复习是教学的一个重要组成部分。复习可以帮助我们加强已学过的知识之间的联系。此外，复习先前的知识还可以在需要用旧知识来解决问题或理解新材料时，帮助我们轻松自动地记起相关语词、概念和程序。专长发展需要数千小时的练习，而每日的复习正是这种练习的一部分。

例如，每日复习是一个成功的小学数学实验的一部分。在实验中让教师每天花 8 分钟进行复习。教师使用这段时间来检查家庭作业、处理存在错误的问题和练习那些需要通过练习达到自动化的概念和技能。结果，这些班级的学生比其他班级的学生取得了更好的成绩。

词汇的每日练习可以使学生将每个练习过的单词看作一个单位（即自动化地查看整个单词而不是将其视为单独字母的组合）。当学生以单词为单位时，工作记忆中就释放出了更多的空间用于理解。当基础技能（加法、乘法等）达到了过度学习的要求并可以自动提取,从而释放工作记忆的容量时,数学解题能力也会随之提升。

课堂实践

在课堂教学的研究中,最高效的教师懂得练习的重要性。他们用5—8分钟时间对先前学习材料进行复习,然后再上新课。有些教师还会复习词汇、公式、事件或者之前学过的概念。这样的做法实际上提供了额外的练习机会,为熟练地回忆旧知识创造了条件。

高效的教师活动还包括复习做家庭作业时所需的概念和技能,让学生彼此纠正作业,询问学生遇到困难或犯错误的点在哪里,并针对需要过度学习的知识和技能进行复习、提供额外的练习。这些复习保证了学生牢牢掌握当天课程所需的技能和概念。

高效的教师还会复习与当天上课相关的知识和概念。由于工作记忆容量非常有限,教师帮助学生回忆与当天上课相关的概念和词汇也非常重要。如果学生不回顾先前的学习内容,那么在学习新材料时就需要费时费力地回忆旧材料,这会给学习新材料带来困难。

在教那些会在随后学习中用到的材料时,每日复习是特别重要的。比如阅读常见字词(即读者可以自动理解的任何词)、语法、数学事实、数学计算、数学因式分解和化学方程式等。

当安排复习时,教师需要考虑哪些语词、数学事实、程序和概念需要熟练掌握,以及哪些语词、词汇或者观点需要在这堂课的开始时进行复习。

最高效的教师确保学生有效地习得、练习和联系知识背景。他们在学习基本材料之后再开展练习活动。

此外,教师可以在安排每日复习时做以下几件事情:

◇订正家庭作业。

◇回顾那些作为家庭作业一部分的概念和技能。

◇询问学生他们觉得困难或犯错误的地方。

◇复习与学生所犯错误之处对应的知识。

◇复习那些需要过度学习的材料(即新学的技能需要好好练习,直至超出初始掌握程度,达到自动化的程度)。

拓展阅读:Miller,1956;LaBerge & Samuels,1974.

2. 小步子,讲练合

每次仅呈现少量的新材料,然后协助学生练习这些材料。

研究发现

人的工作记忆,即我们处理信息的场所,容量非常有限,一次只能处理少量信息,太多信息会使工作记忆陷入困境。一次向学生呈现太多的材料会使他们应接不暇,因为短时记忆将无法处理。

因此,高效的教师不会一次呈现过多新材料,从而压倒学生。相反地,这些教师每次仅呈现少量新材料,然后再协助学生加以操练。

只有当学生先迈出了第一步,教师才能开始下一步教学。

总之,先小步子教授学习材料,然后再指导学生练习,这样的顺序是解决工作记忆容量限制的一种实用方法。

课堂实践

成功的教师不会一次呈现过多的新材料从而压倒学生。相反地,他们一次仅呈现少量的新材料。教师会等学生掌握每个知识点后再介绍下一个知识点。他们会检查学生对每个知识点的理解,并在必要的时候重新教一遍。

小步子教学需要花费时间,高效的教师比那些低效的教师花费更多时间呈现新材料和指导学生练习。例如,在一项数学教学研究中,高效的数学教师在 40 分钟的讲座中花费大约 23 分钟演示、提问和做示范。相反,最低效的教师只花费 11 分钟来呈现新材料。高效的教师将这些多出来的时间用于提供额外解释、给出多种示例、检查学生的理解情况并提供充分的指导,因此学生可以轻松地学会独立完成作业。在一项研究中,最低效的教师在 40 分钟的时间内只提了 9 个问题。与成功教师相比,低效的教师用更短的时间进行演示和解释,然后就通过活页练习题来让学生解决问题。在这种情况下,学生的成功率低于那些在成功教师的课堂上的学生获得的成功率。我们还可以看到,不太成功的教师会在这个时候挨个儿再向学生解释材料。

同样,当教学生一种总结段落的策略时,高效的教师会采用小步子来教这个策略。首先,在确定一个段落的主题时,教师给出示范并出声思考;然后,教师带领学生练习如何确定新段落的主题。其次,教师教学生如何确定一个段落的主要思想。教师示范这些步骤,然后当学生寻找主题和定位主要思想时对其进行监督。再次,教师会教学生识别段落的支持性细节。教师给出示范并出声思考,然后学生练习。最后,学生练习采用这一策略的所有三个步骤。这样,总结段落的策略就被分成三个小步骤,每一步都包括示范和练习。

拓展阅读: Evertson et al., 1980; Brophy & Good, 1990.

3. 善提问,明联系

提问可帮助学生练习新学的信息,并将其与先前所学知识联系起来。

研究发现

学生需要对新材料进行练习。教师的提问和学生的讨论是提供这一必要练习的主要方式。在这些研究中,最成功的教师花了超过一半的课堂时间来讲课、演示和提问。

提问可使教师确定学生对材料的掌握程度,以及是否需要额外的教学。高效的教师还让学生解释自己回答问题的思路,解释他们是如何得到答案的。不太成功的教师较少提问题,而且几乎不会问解题思路。

课堂实践

古德(Good)和格劳斯(Grouws)(1979)进行了一项基于课堂的实验研究(密苏里数学效应项目)。研究者请一组教师在介绍新材料之后提出许多问题,并让他们在指导练习期间增加提出事实性问题和思路问题的数量。结果表明,这些教师的学生取得了比其他学生更好的成绩。

富有创造力的教师已经找到了让所有学生参与回答问题的方法。例如让所有的学生:

·将答案告诉邻座同学。

·用一到两个句子总结主要思想,将总结写在一页纸上并与邻座同学分享,或者向邻座同学重复这些程序。

·将答案写在一张卡片上,然后将其举起来。

·让他们如果知道答案就举起手来(从而允许教师检查整个班级的答案)。

·让他们如果同意某个同学给出的答案就举起手来。

在研究人员观察的课堂中,所有这些程序的目的都是使学生积极参与,也让教师看到多少学生是正确的和自信的。然后,如果教师认为有必要的话,可能会重教某些材料。另一种方法是让学生写出他们的答案,然后彼此交换。

在教授新的词汇或者物品列表时,其他的教师会采用一起回答的方式来向学生提供充分的练习,这样使得练习看起来更像做游戏。但为了高效,所有的学生需要以一个信号共同开始。如果学生七零八落,则只有抢先的学生有机会回答了。

除了提问题,更高效的教师还通过提供解释、给出更多示例以及当学生练习新材料时进行监督来促进练习。

以下是教师在向学生教授文学、社会科学或科学内容时可能会问的一系列问题的主干部分[这些词是由金(King)"在课堂上指导知识建构"开发的]。有时,学生也可以根据这些主干部分提出问题,然后彼此询问。

表2　问题主干的示例

```
_____和_____怎么样?
_____的主要思想是什么?
_____的优缺点是什么?
_____和_____有什么关系?
比较_____和_____关于_____。
你认为_____的原因是什么?
_____如何与我们之前学过的知识联系在一起?
哪一个是最好的_____?为什么?
对于_____的问题,有什么可能的解决方案?
你是否同意_____这个说法?
关于_____,你有什么地方仍然没理解?
```

拓展阅读: Good & Grouws, 1979; King, 1994.

4. 做示范，给样例

给学生提供示范和操作示例可以帮助他们更快地学会解决问题。

研究发现

学生需要认知支持来帮助他们学会解决问题。教师在演示如何解决一个问题时，进行示范和出声思考就是一种有效的认知支持。给样例（如对于数学问题，教师不仅提供了解决方案，而且已经清楚地列出了每一步）是澳大利亚的研究人员开发的另一种示范形式。给样例使学生专注于解决问题的具体步骤，从而减少了工作记忆的认知负荷。做示范和给样例的方法已经成功运用到数学、科学、写作和阅读理解中。

课堂实践

在教室里教授的许多技能可以通过提供提示来传达，教师使用提示进行示范，然后指导学生独立完成。例如，当教学生阅读理解策略时，高效的教师向学生提供提示，学生可以用此来针对一篇短文向自己提问。在一堂课上，通过"谁""在哪里""为什么"和"怎么样"这样的词语来提问，然后让每个学生阅读一篇短文，教师示范如何运用这些词语来进行提问，并且给出许多样例。

接下来，在指导练习的过程中，教师通过帮助学生选择提示并以这些提示作为构成问题的开始来帮助学生练习提问题。学生在教师的大力支持下反复练习这一步骤。然后,学生阅读新的文章,练习自己提问题,教师在有必要的时候给予支持。最后,给学生一些文末带有问题的短文,教师对学生回答问题的质量进行评判。

这种相同的程序可以用于多种任务,即提供提示、做示范、指导练习和监督学生独立练习。例如,教学生写一篇文章时,高效的教师先示范如何写好每个段落,然后学生和教师合作完成两篇及以上的新文章,最后学生在教师的监督下独自写作。

样例是做示范的另外一种形式,已被用于帮助学生学习如何解决数学和科学中的问题。一个样例就是一步一步地示范如何完成一项任务或者解决一个问题。给样例首先是教师做示范和解释用于解决具体问题的步骤。教师还要证明和解释这些步骤的基本原理。

通常,接下来教师会给学生布置一组问题让他们独立完成。但是,一项在澳大利亚进行的研究中,给学生的却是样例题和要解答题的混合题。因此,在独立练习的过程中,学生先学习一个样例,然后自己解答一个题目;接着再学习另一个样例,然后解答另一个题目。通过这种方式,样例向学生呈现了如何聚焦问题的关键部分。当然,不是所有的学生都学了样例。为了纠正这个问题,澳大利亚研究人员还提出一些只完成了部分的问题(即补全题),让学生补全其中缺失的步骤,从而更多地去关注样例。

拓展阅读: Sweller, 1994; Rosenshine, Chapman & Meister, 1996; Schoenfeld, 1985.

5. 尝试练，获体验

成功教师花更多的时间指导学生练习新学的内容。

仅仅向学生呈现新材料是不够的，因为除非有足够的练习，否则学生将会忘记。来自信息加工研究的一项重要发现表明，为了将新材料内容储存在长时记忆中，学生需要花更多的时间改述、阐释和总结新材料。当已经进行了充分的练习，学生就可以轻松地检索到这些材料，从而利用这些材料促进新的学习并帮助解决问题。但是当练习时间太短时，学生难以存储、记住和使用这些材料。众所周知，将文件放入文件柜中相对容易，但是要记起自己归档的确切位置却是很难的。练习帮助我们记住归档的位置，以便在需要时能轻松找到。

教师可以通过提问题促进这一练习过程，因为好的问题需要学生去处理和练习材料内容。让学生总结要点，以及监督他们练习一项技能的新步骤，也会加强记忆。如果学生仅仅略读材料，没有进行"深度加工"，长时记忆的存储将会不牢固。同样重要的是，要让所有学生加工新材料并接受反馈，这样他们就不会漫不经心地记住零散片段的信息或者错误的概念。

课堂实践

在一项数学学科研究中，更成功的教师花了更多的时间演示新材料和指导练习。成功的教师使用这部分多花的时间来提供额外的解释、给出很多示例、检查学生的理解情况和提供充分的指导，因此学生可以轻松地学会独立作业。相反地，不太成功的教师给出较短的演示和解释，然后就通过活页练习题来让学生解题。这样做往往导致学生错误百出，教师不得不从头再来。

最成功的教师一次只演示少量的材料。在这简短的演示后，他们接着指导学生练习。这种指导通常包括教师在黑板上解决第一个问题，并解释进行每一个步骤的原因。这种指导起到给学生做示范的作用。它还包括让学生到黑板前来解题并展开讨论，这样可以让其他学生看到更多的示范。

尽管大部分教师都提供了一些指导练习，但是最成功的教师花了更多的时间来指导练习、提问题、检查学生的理解情况、纠正错误，以及让学生在教师指导下解题。

那些花更多时间指导练习的教师，成功率更高，并且有更多的学生投入到个人独立作业中。这一发现表明，如果教师在指导练习期间提供充分的教学，学生就会为独立练习（如课堂作业和家庭作业活动）做好准备，但是如果指导练习太短，学生就难以为课堂作业做好准备，他们会在独立练习中犯更多的错误。

拓展阅读：Evertson et al., 1980; Kirschner, Sweller & Clark, 2006.

高效能教学——罗森海因教学原理的实践
ROSENSHINE'S PRINCIPLES IN PRACTICE

6. 勤检查，补缺漏

检查学生对每个知识点的理解情况可以帮助学生少犯错误。

研究发现

高效的教师经常检查是否所有的学生都在学习新材料。这种检查提供了将新学习的内容转移到长时记忆中的必要加工。这种检查还可以使教师了解学生是否正在形成错误的概念。

课堂实践

高效的教师还会停下来，去检查学生的理解情况。他们通过提问、让学生总结到目前为止的演示内容、复述指导或过程，或询问他们是否赞同或反对其他学生的答案来检查自己的理解情况。这种检查有两个目的：(1) 回答问题可使学生对自己学过的材料进行详细阐述，并加强这些材料与他们长时记忆中的其他学习内容的联系；(2) 检查理解情况还可以告诉教师哪部分材料需要重教。

相反，较低效的教师只是问"有什么问题吗？"，如果没有问题，他们就认为学生已经学会了材料内容，并继续通过活页练习题让学生自己练习。

另一种检查理解情况的方式是要求学生在努力解数学题、草拟一篇文章或者确定一个段落的主要思想时出声思考。还有一种检查方式是让学生向其他人解释或捍卫自己的立场。解释立场可以帮助学生以一种新的方式整合和阐述其知识。

以小步子教学、指导练习和检查学生的理解情况（还有取得高成功率，我们将在原理 7 中探讨）之所以重要的另外一个原因基于这样一个事实：当我们学习和使用所学的知识时，都对知识的意义进行了建构和重构。我们难以简单地逐字复述所听到的内容。相反地，我们将对新信息的理解和现有的概念或图式联系起来，然后建构起一个心理纲要（即已学内容的要点）。然而，当让学生独自学习时，许多人会在建构这个心理纲要的过程中犯错。尤其是当信息是新的，而且学生没有充足的或结构清晰的背景知识时，就会发生这些错误。这些建构与其说是错误，不如说是学生难以在他们背景知识薄弱的领域建立起合理的逻辑。这些错误非常常见，以至于有一篇文献讲的就是学生在学习科学时错误概念的形成以及如何纠正。在教授少量的新材料之后提供指导练习并检查学生的理解情况，有助于限制错误概念的发展。

拓展阅读：Fisher & Frey, 2007; Dunkin, 1978.

7. 赢成功，有成就

学生在课堂教学中取得高成功率是非常重要的。

研究发现

在关于教师影响的两项主要研究中，研究人员发现，在更高效的教师的班级中，学生的成功率更高，具体体现在口头回答和完成个人任务的质量上。一项四年级数学研究发现，最成功教师班级里学生的答案中有82%都是正确的，而最不成功的教师班级里学生的答案的正确率只有73%。同时，在指导练习过程中拥有高成功率也会使学生在自己解决问题时拥有高成功率。

研究还表明，学生成绩的最佳成功率约为80%。80%的成功率表明学生正在学习材料，而且也受到了挑战。

课堂实践

最高效的教师通过"小步子教学"来达到这个成功水平，即将简短的演示和监督学生练习相结合，并且对每一部分进行充分的练习，然后再继续进行到下一步。这些教师经常检查学生的理解情况并要求学生回答问题。

学生在教师教学和练习活动中取得高成功率是非常重要的。我们知道，熟能生巧，但是如果学生练习犯错，练习就可能成为灾难。如果练习没有很高的成功水平，那么学生就有在练习中学习错误的机会，而且错误一旦习得，就很难克服。

我曾经观察了一个班级，学生在独立练习，教师正全班巡视，然后她突然意识到学生遇到了困难。她停下来并告诉学生不要继续做家庭作业了，她第二天会重新教一遍。她停下来是因为她不想让学生练习错误。

除非所有的学生都已经掌握了第一节课的要求，否则存在一个危险，即当教授下一节课时，学得较慢的学生将会落得更远。因此，需要提高所有学生的成功率。"掌握学习"是教学的一种形式，将一节课组织成几个小单元，而且在进入到第二节课之前，保证所有的学生都掌握了第一节课的内容。在掌握学习方法时，其他同学或教师都要提供辅导以帮助学生掌握每个单元。

这种方法的变式，特别是辅导法，可能会在其他课堂环境中有用。

拓展阅读：Anderson & Burns, 1987; Frederiksen, 1984.

8. 供支架，破难点

教师给学生提供临时的支持和支架，以协助他们克服学习困难。

研究发现

研究人员已经成功地为学生提供了支架或教学支持，在学生遇到学习困难的任务时提供帮助。支架是用来协助学习者的临时支持。尽管学生仍然可能会依赖支架，特别是当他们遇到难题时，但是随着学习者能力不断提高，这些支架会逐渐撤除。提供支架是指导性练习的一种具体形式。

支架包括教师对步骤的示范，或者他们在解决问题时的出声思考。支架也可能是学生完成部分任务的工具，如提示卡或检查表。支架还可以是完成任务所需的模板，学生可以将自己的学习情况与之比较。

通过做示范和提供支架来帮助学生解决困难问题的过程被称作"认知学徒制"。学生在这种学徒制中能够学到使他们成为优秀读者、作家和问题解决者的策略。由一位导师来为学生做示范、指导、提供支持和支架，学生会慢慢变得独立起来。

课堂实践

支架的一种形式是，给学生提示他们可能会用到的步骤。诸如"谁""为什么"和"怎么样"这样的提示可以帮助学生学会在阅读时提问。教学生自己提问也有助于阅读理解。

同样，一位研究者（Berkowitz, 1986）开发了下面的提示来帮助学生组织材料。

(1) 画一个中心框，将文章的标题写在里面。

(2) 略读文章找出 4—6 条主要思想。

(3) 在中心框下面的框中写下每条主要思想。

（4）找出并写下两到四则重要细节，列在每条主要思想的下面。

支架的另一种形式是教师出声思考。例如，教师在总结段落时边思考边说出声。他们会在确定段落主题时表现出自己经历的思维过程，然后使用此主题生成一个摘要句。当教师求解一个科学方程式或者写一篇文章时可能会出声思考，同时为整个过程提供标签。这样的做法能够使新手学习者观察到他们通常看不到的"专家思维"方式。教师也可以通过要求学生在解决问题时出声思考来研究其思维过程。

有经验的教师的一个特点是，他们有能力预测学生的错误，并提醒他们可能会出现的若干错误。例如，教师让学生阅读一篇文章，然后向班里展示一个写得不好的主题句，并让学生修正这个主题句。在教除法或减法时，教师会展示并与学生讨论其他学生经常犯的错误。

在一些研究中，教师会给学生一份检查表来评估其学习。一份检查表的条目是"我是否找到了能告诉我更多主要思想的最重要信息？"或者"每个句子是否都以大写字母开头？"，然后教师示范如何使用该检查表。

在另一些研究中，教师会给学生提供一些可用来与自己学习情况对比的专家模板。例如，当教学生生成问题时，学生可以将自己的问题和教师生成的问题相比较。同样，当学生学习撰写概要时，他们可以将自己对一篇短文的概括与专家的概括相比较。

拓展阅读：Pressley et al., 1995; Rosenshine & Meister, 1992.

9. 独立练，求掌握

学生需要广泛、成功和独立的练习，才能使知识和技能变得自动化。

研究发现

在典型的教师主导的课堂中，指导性练习之后是独立练习，即学生单独练习新材料。这种独立练习是必要的，因为学生需要大量的练习（过度学习）才能使技能变得流畅和自动化。过度学习材料后，学生就可以自动地予以回忆，不占用工作记忆的任何空间。当学生在一个领域变得自动化以后，就可以把更多的注意力放在理解和应用上。

独立练习为学生提供了额外的复习和阐述，这正是他们熟练掌握一项技能所需要的。这种需要同样适用于随后学习中肯定会用到的事实、概念和辨别力。在实际应用中同样也需要熟练，比如小数除法、规则动词变形或者完成和配平一个化学方程式。

课堂实践

成功的教师在课堂内外都提供广泛而成功的练习。独立练习应包括与指导性练习相同的材料。如果指导性练习涉及识别句子类型的内容，那么独立练习也应处理相同的主题，或者也可能是创建单个复合句和复杂句子。在指导性练习中设置一个独立练习任务是不合适的，比如"用两个复合句和两个复杂句写一个段落"，因为学生还没有为这一活动做好充分准备。

学生需要为独立练习做好准备。有时，教师与全班同学在独立练习之前，可以一起练习部分课堂作业，可能会比较合适。

研究发现，当教师在教室中走动并管理和监督学生的课堂作业时，学生的参与度更高。这些接触的最佳时间是30秒左右。如果教师不得不在学生课桌前停下来做大量提示或者解释，这就表明学生出错了。出现这些错误是因为所给的指导练习不充分，学生不能高效地进行独立练习，这就再次证明了在学生开始独立练习之前做好充足准备的重要性。

学生互助

一些研究者（Slavin，1996）已经开发了一些程序，如合作学习，在此期间学生之间互相帮助。研究表明，在这种学习环境中的所有学生往往比在常规学习环境中的学生取得更好的成绩。想必，合作学习的优势来自学生不得不向别人解释材料，或者让别人（教师除外）向他们解释材料。合作学习为学生提供了获得同伴正确反馈以及不正确回答的机会，这促进了学生的参与和学习。

拓展阅读：Rosenshine，2009；Slavin，1996.

10. 周回顾，月复习

为了建立连贯且自动化的知识，学生需要进行广泛的实践。

研究发现

学生需要广泛而大量的阅读，以及大量的练习才能在其长时记忆中建立起连贯的观念网络（图式）。当一个人关于某个特定主题的知识面庞大而且连接完好时，学习新知识就变得更加容易，先验知识也更易于使用。对信息的训练和复习越多，这些内在联系也就越牢固。当一个人拥有丰富连贯的知识体系且内在联系牢固时，解决新问题也会很容易。教育的一个目标是帮助学生建立广泛和可用的背景知识。

存储在长时记忆中的知识（甚至是非常广泛的知识）被组织成"范式"，只占用我们有限工作记忆的微量空间，因此拥有更大量和连接更完好的知识范式可以释放工作记忆的空间，用来思考新信息和解决问题。这种连接完好的模式（也称为"单元化"和"记忆组块"）的发展，以及工作记忆空间的释放，是该领域专家的标志之一。

因此，认知加工研究支持了教师需要通过给学生提供大量不同材料的阅读、经常回顾、讨论和练习来协助学生的这一观点。认知加工研究表明，这些课堂活动可以帮助学生增加长时记忆中信息的数量，并将这些信息组织成范式和组块。

对信息的练习和复习越多，那么材料之间的内在联系也会变得越牢固。复习还有助于学生将他们的新知识建成范式,帮助他们获得自动记起过去所学内容的能力。

课堂实践

许多成功的课程都提供了大量的复习,特别是在小学阶段。实现这一目标的一种方法是,每个周一复习前一周的工作,每四个周一复习前一个月的工作。一些高效的教师还在复习之后进行测验。研究发现,即使是在中学阶段,那些每周测验的班级比那些一学期仅测验一两次的班级在期末测试中成绩更好。这些复习和测验为学生提供了达到技能熟练、成为新领域应用所学知识和技能的成功学习者所需要的额外的练习。

教师们面临一个难题,即当他们需要涵盖大量材料时,就感觉没有时间进行充分的复习。但是研究表明(而且我们从个人经验中也知道)未经充分练习和复习的材料很容易被忘记。

拓展阅读: Good & Grouws, 1979; Kulik & Kulik, 1979.

结束语

本文的十项教学原理有三个不同的来源:关于大脑如何获取和使用信息的研究、高效教师采用的教学程序,以及研究人员发明的帮助学生学习困难任务的程序。这三个来源都对课堂教学有影响，且这些影响在这十项原理中都有体现。

尽管这些原理有三个不同的来源，但是从一个来源获取的教学程序并不会和从另一个来源获取的教学程序相矛盾。相反，来自不同来源的观念相辅相成。这种重叠使我们相信，我们正在发展一种可靠的并且基于研究的对教学艺术的理解。

表3

高效能教学的十七个教学步骤

从本文正文所讨论的研究中浮现出了以下包含十七个教学步骤的列表。它与用于架构该文章的十项原理相重叠，并提供略微更多的细节。

- 在一堂课的开始，简要回顾先前的学习内容。
- 以小步骤呈现新材料，在完成每个步骤之后让学生进行练习。
- 控制学生一次接收材料的数量。
- 提供明确具体的指导和解释。
- 提出大量问题，并检查学生的理解情况。
- 为所有学生提供高水平的主动练习。
- 学生开始练习时予以指导。
- 出声思考，示范步骤。
- 提供样例问题的示范。
- 要求学生解释所学到的内容。
- 检查所有学生的回应。
- 提供系统性反馈和纠正。
- 在材料解释上花费更多时间。
- 提供许多示例。
- 必要的时候重教材料。
- 使学生在独立练习前做好充分准备。
- 当学生开始独立练习时，进行监督。

参考文献和拓展阅读

Anderson, L. W., & Burns, R. B. (1987). Values, evidence, and mastery learning. *Review of educational research*, 57 (2), 215 – 224, Summer.

Berkowitz, S. J. (1986). Effects of instruction in text organization on sixth-grade students' memory for expository reading. *Reading research quarterly*, 21(2), 161 – 178.

Brophy, J. E., & Good, T. L. (1986). Teacher behavior and student achievement. In Wittrock, M. C. (Ed.), *Handbook of research on teaching*, (3rd ed.), (pp. 328 – 375). New York, NY: Macmillan.

Brophy, J., & Good, T. (1990). *Educational psychology: A realistic approach.* New York, NY: Longman.

Dunkin, M. J. (1978). Student characteristics, classroom processes, and student achievement. *Journal of educational psychology, 70*(6), 998 – 1009.

Evertson, C. E., et al. (1980). Relationship between classroom behaviors and student outcomes in junior high mathematics and English classes. *American educational research journal, 17*, 43 – 60.

Fisher, D., & Frey, A. (2007). *Checking for understanding: Formative assessment techniques for your classroom*. Arlington, VA: Association for Supervision and Curriculum Development.

Frederiksen, N. (1984). Implications of cognitive theory for instruction in problem-solving. *Review of educational research, 54*(3), 363 – 407.

Gage, N. L. (1978). *The scientific basis of the art of teaching*. New York, NY: Teachers College Press.

Good, T. L., & Grouws, D. A. (1977). Teaching effects: A process-product study in fourth grade mathematics classrooms. *Journal of teacher education, 28*, 40 – 54.

Good, T. L., & Grouws, D. A. (1979). The Missouri mathematics effectiveness project. *Journal of educational psychology, 71*, 143 – 155.

King, A. (1994). Guiding knowledge construction in the classroom: Effects of teaching children how to question and how to explain. *American educational research journal, 30*, 338 – 368.

Kirschner, P. A., Sweller, J., & Clark, R. E. (2006). Why minimal guidance during instruction does not work: An analysis of the failure of constructivist, discovery, problem-based, experiential, and inquiry-based teaching. *Educational psychologist, 41*, 75 – 86.

Kulik, J. A., & Kulik, C. C. (1979). College teaching. In: Peterson, P. L., Walberg, H. J. (Eds.). *Research on teaching: Concepts, findings, and implications*. Berkeley, CA: McCutchan.

Laberge, D., & Samuels, S. J. (1974). Toward a theory of automatic information processing in reading. *Cognitive psychology, 6*, 293 – 323.

Miller, G. A. (1956). The magical number seven, plus or minus two: Some limits on our capacity for processing information. *Psychological review, 63*, 81 – 97.

Pressley, M. et al. (1995). *Cognitive strategy instruction*, (2nd ed.). Cambridge, MA: Brookline Books.

Rosenshine, B. (2009). The empirical support for direct instruction. In: Tobias, S., Duffy, T. M. (Eds.). *Constructivist instruction: Success or failure?*, ch.11. New York, NY: Routledge.

Rosenshine, B., & Meister, C. (1992). The use of scaffolds for teaching higher-level cognitive strategies. *Educational leadership*, April, 26 – 33.

Rosenshine, B., & Stevens, R. (1986). Teaching functions. In: Witrock, M.C. (Ed.). *Handbook of research on teaching*, (3rd ed.), pp. 376 – 391. New York, NY: Macmillan.

Rosenshine, B., Chapman, S., & Meister, C. (1996). Teaching students to generate questions: A review of the intervention studies. *Review of educational research, 66*, 181 – 221.

Schoenfeld, A. H. (1985). *Mathematical problem solving*. New York, NY: Academic Press.

Slavin, R. E. (1996). *Education for all*. Exton, PA: Swets & Zeitlinger.

Stallings, J. A., & Kaskowitz, D. (1974). *Follow through classroom observation*. Menlo Park, CA: SRI International.

Sweller, J. (1994). Cognitive load theory, learning difficulty and instructional design. *Learning and instruction, 4*, 295 – 312.

译后记

《学记》云:"善歌者,使人继其声;善教者,使人继其志。"教学是艺术,教师用自己的热情、智慧和幽默创设轻松愉快的学习氛围,激发学生的学习热情,让学生主动去学,终生爱学。教学也是科学,教师运用科学的教材选材、教学方法、教学设计等达到教学目标,提升学生的学习能力和学习效果。将教学艺术与教学科学相结合,可达到有效教学的目的。高效教学的核心是关注学生的进步和发展。那如何更好地实现高效教学?希望这本《高效能教学——罗森海因教学原理的实践》一书能带给各位读者和一线教师一些启迪,一些思考。

本书由美国"国际学习科学组织"推出,该组织致力于为教育挑战提供可靠的解决方案。本书作者汤姆·谢灵顿因机缘接触到了巴拉克·罗森海因的《高效能教学

译后记

原理》一书，认为罗森海因根据长期教学实践研究总结出来的十项教学原理对提高教学效能非常具有指导意义。谢灵顿在各个教学会议中传播《高效能教学原理》的精髓，悟出了依据十项教学原理的内在关联，可以将其归纳为四个模块：调扶放、善提问、勤复习、精练习，并给出了更多具体的实例来应用这十项教学原理。所以，本书是名副其实的、实用的课堂指南。

本书以高效教学原理的理念为基础，高效教学并不是指教师是否教完内容或教得是否认真，而是指学生有没有学到知识或学生学得好不好，因此学生有无进步或发展是高效教学的唯一标准。作者用简单质朴的语言和生动具体的案例阐述了高效教学原理的应用。首先阐述了为什么要将罗森海因的教学原理改编成课堂应用指南，罗森海因的教学原理因其真实性、可信度，以及能够弥合研究与实践的鸿沟而广受欢迎。接下来分别叙述了十项教学原理重构后形成的四个模块，对每一模块下的原理，作者都以具体的学科为基础给出了实用的例子，并强调示范、支架、提问、检查理解、复习以及高效练习的重要性。本书将很多教师一直靠直觉或观察所实践的教学方法进行了归纳总结，使其清晰化、结构化。本书没有哗众取宠的高深理论，没有稀奇古怪的噱头，都是真实课堂的实践建议，以期更好地为一线教师提供实用性指导。

带着这些指导建议，教师，尤其是年轻教师可以自信、自如地走进课堂，走近学生，实现高效教学的初心。

本书翻译由浙江大学教授盛群力策划，浙江万里学院教师甄桂春翻译，盛群力审校。书后附了巴拉克·罗森海因的论文《高效能教学原理：所有教师应了解的循证策略》（蒋慧、盛群力译）。衷心感谢本书责任编辑在编校过程中付出的辛劳！

翻译过程中，译者力有不逮，可能会出现一些纰漏或错误，敬请读者批评指正！

甄桂春

2024 年 6 月 2 日